A

Geschichten am Kamin

Ausgewählt von
Daniel Kampa

Liebe Sieke,
herzlichen Glückwunsch zum
Geburtstag
– und einige Mußestunden
in der gewärmten Stube!!
Ernst & Antje

Atlantik

2014

Atlantik Bücher erscheinen im
Hoffmann und Campe Verlag, Hamburg

1. Auflage 2014

www.hoca.de www.atlantik-verlag.de
Einbandgestaltung: Sarah M. Hensmann,
© Hoffmann und Campe Verlag
Illustration: Nikolaus Heidelbach
Satz: pagina GmbH, Tübingen
Gesetzt aus der ITC Legacy
Druck und Bindung: GGP Media GmbH, Pößneck
Printed in Germany
ISBN 978-3-455-37016-4

HOFFMANN
UND CAMPE

Ein Unternehmen der
GANSKE VERLAGSGRUPPE

»Wenn ich mich langweile, dann nehme ich mir einen guten Roman, setze mich ans Kaminfeuer und schaue ihm zu.«

Oscar Wilde

»In der Tat, diese beiden passen gut zueinander: ein loderndes Kaminfeuer und ein aufgeschlagener Roman.«

Walter Benjamin

»In den siebziger Jahren hatte ich ein Haus auf dem Lande mit einem schönen Kamin erworben, und für meine damals zehn- und zwölfjährigen Kinder war die Erfahrung des Feuers, des brennenden Holzscheits und der züngelnden Flammen ein absolut neues Phänomen. Mir fiel auf, dass sie, wenn der Kamin brannte, nicht mehr zum Fenster liefen. Die Flamme war schöner und abwechslungsreicher als jedes Programm, sie erzählte endlose Geschichten ...«

Umberto Eco

Kamingeschichten

Siegfried Lenz Der Denkzetttel 13

Sigismund von Radecki Eine eilige Geschichte 20

Anton Tschechow Erzählung der Frau N. N. 23

Guy de Maupassant Das Waisenkind 31

Georges Simenon Die Wachstropfen 42

Dashiell Hammett Der Scherz mit Eloise Morey 60

Franz Hessel Am Kamin 72

Dieter Lenzen Batterien im Kamin 75

Tobias Wolff Kaminfeuer 83

Kamingedanken

Sigismund von Radecki Am Kamin 107

Herman Melville Ich und mein Kamin 117

David Henry Thoreau Mein Kamin 126

Roger-Pol Droit Feuer im Kamin machen 139

Heinrich Böll Blick ins Feuer 142

Axel Hacke Entspannt Euch! 147

Kamingedichte

Mascha Kaléko Herbstabend 153

Klabund Das Mädchen 154

Heinz Erhardt Am Kamin 155

Joachim Ringelnatz Es zwitschert eine Lerche im Kamin 156

Christian Morgenstern Herbstabend 157

Heinrich Heine Altes Kaminstück 158

Matthias Claudius Ein Lied hinter dem Ofen zu singen 160

Barthold Heinrich Brockes Winter-Vergnügen im Zimmer 162

Conrad Ferdinand Meyer Die Füße im Feuer 165

Eduard Mörike Ländliche Kurzweil 169

Annette von Droste-Hülshoff Gruß an Wilhelm Junkmann 170

Otto Julius Bierbaum Am Kamin 172

Richard Dehmel Rauch und Funken flüstern im Kamin 175

Walter Helmut Fritz Eine solche Frage 177

Geschichten für einen Kaminabend

Stefan Zweig Die unsichtbare Sammlung 181

Vladimir Nabokov Ein Brief, der Russland nie erreichte 204

Katherine Mansfield Der Kanarienvogel 212

Theodor Storm Am Kamin 219

Anstelle eines Nachworts

Theodor Fontane Ein neues Buch, ein neues Jahr 234

Nachweis 235

Kamingeschichten

Siegfried Lenz

Der Denkzettel

In Bollerup, Nachbarn, ließ sich der Winter deshalb so gut aushalten, weil jeder auf ihn vorbereitet war. Kaum waren die Felder leer, kaum waren die Mieten aufgeschichtet, die Ställe überholt, die Boote im Schuppen und die Knicks ausgedünnt, da sorgten sie auch schon vor, um den Winter mehr als erträglich zu machen – einen ziemlich einfallslosen Winter übrigens, der sich immer den gleichen Nordost vorspannte, um Grauschleier über die Ostsee zu ziehen, großflockiges Stiemwetter zu inszenieren oder, aber das erst im Januar, löcherige Eisschollen den verkrusteten Strand hinaufzudrücken.

Um sich also auf diesen Winter einzurichten, zogen manche Leute von Bollerup gleich nach den letzten herbstlichen Feldarbeiten in die benachbarten Misch- und Kiefernwälder und ließen da ihre Bandsägen singen. Mit extra schweren Äxten hieben sie Bäume von der Steilküste los, schräg in der Luft hängende Buchen meistens, die der letzte Sturm fast, aber eben nur fast aus lehmigem Boden gerissen hatte. Zugesägt wurde da, aufgeklaftert, mit Hilfe von klingenden Eisenkeilen gespalten, und dann transportierten sie das geschlagene Holz aus allen Richtungen nach Hause und schichteten es auf, in lustvoll hochgezogenen Stapeln, vor allen Ställen, vor den Küchen, so hoch, dass manch einem die Fenster zuwuchsen.

Keiner in Bollerup sägte verbissener, keiner spaltete und schichtete das Holz genüßlicher als Franz Jesper Feddersen, mein Großonkel, den sie hier, solange ich weiß, nur den Pedder nannten, weil er unweigerlich in alles reintrat, dem jeder gefühlvolle Mensch nach Möglichkeit ausweicht. Natürlich genügte es dem Pedder nicht, Freude aus vorsorgender Arbeit zu beziehen; als ob er zwei, wenn nicht gar drei Winter hintereinander erwartete, schichtete er seine harzigen Klafter bis zum Dach auf. Allerdings muß ich zugeben, daß er diese besessene Vorsorge nicht nur seinetwegen traf; sie galt ebenso meiner Großtante Helene Feddersen, einer rechteckigen, übertrieben fröstelnden Person, die auch an Sommerabenden ihren Wintermantel trug. Jedenfalls sagten beide wörtlich von sich, daß sie »mit der Kälte auf Kriegsfuß« stünden – etwas Ähnliches hat man bestimmt schon gehört. Es paßte ganz gut zu diesem Franz Jesper Feddersen, daß er sich, als der Wind nach Nordost umsprang, gegen den beruhigenden Holzvorrat lehnte und, auch wenn dabei die Augen tränten, ausdauernd in den Wind starrte, als erwarte er den Winter persönlich.

Der kam, wie so oft, über Nacht, setzte ganz Bollerup Schneemützen auf, füllte Mulden und machte die Felder scheckig, und dem Schilf am Strand verlieh er eine Starre, daß es bei jedem Luftzug knackte und raschelte. Darauf hatte der Pedder nur gewartet: eifrig und, ich muß es sagen, auch geringschätzig trug er einige Arme voll Holz ins Haus und fütterte den Ofen so ausgiebig, daß sogar die beiden Katzen ins Freie drängten und der Postbote vorübergehend die Sprache verlor. Ich kann mir vorstellen, daß dieser Franz Jesper Feddersen sich zufrieden die Hände rieb, wenn draußen der eisige Wind um sein Haus ging, und daß seine eigensinnige Freude nur wuchs, wenn der Frost am Brandteich mit der Peitsche knallte.

So ein Winter von der herrschsüchtigen Art war es, als der Pedder eines Tages feststellte, daß seine Holzvorräte gewissermaßen die Schwindsucht bekamen: hier war etwas geschrumpft, dort eingefallen, von den Seiten hatten sich Klafter davongemacht, unter der mit Steinen beschwerten Teerpappe, die alle Stapel vor Nässe schützte, hatten sie sich herausgezogen und das Weite gesucht – es sah ganz danach aus, als wären sie vor seinem Ofen geflohen, der unablässig für zwar würzige, aber beinahe glühende Luft sorgte. Helene hatte das Holz nicht in seiner Abwesenheit verbraucht, das ergab ein einsilbiges Verhör, und da auch der Postbote es nicht mitgenommen haben konnte – er, der niemals fror, der sich sogar mit der Axt scharfkantige Löcher ins Eis hackte, nur, um nicht auf sein winterliches Bad zu verzichten –, und da seine Klafter auch nicht von allein Beine bekommen haben konnten, wurde Franz Jesper Feddersen zunächst nichts anderes als argwöhnisch. Äußerte noch keinen Verdacht, wurde noch nicht unruhig, trug nur, wie gesagt, seinen Argwohn durchs Haus. Der konnte allerdings nicht verhindern, daß in gewissen knirschenden Nächten die Holzstapel abermals schrumpften, besonders die gleichmäßig und ausdauernd brennenden Buchenkloben verschwanden spurlos, worauf der Pedder, nachdem er den Milchnapf der Katzen zum zweiten Mal zertreten hatte, auf stille Art beschloß, sich auf die Lauer zu legen.

Ich wundere mich nicht darüber, daß seine Lauer nichts einbrachte, daß er keine gebückten Schatten entdeckte, die, an der Scheune bedrohlich vergrößert, die Stapel plünderten und sich unter knarrenden Lasten davonmachten – und zwar deshalb nicht, weil er in der pochenden Hitze des Hauses schon nach wenigen Minuten schläfrig wurde und einschlief. Am nächsten Morgen fehlte etwa die Menge Holz, mit der er, nach seinen Worten, dem Winter drei Tage lang eins auswischen konnte.

Mit reichlicher Verzögerung, wie es seinem Temperament entsprach, suchte er im verharschten Schnee neben den Holzstapeln nach Fußspuren; da waren Katzen vorbeigeschnürt, seine eigenen Pelzstiefel hatten Abdrücke hinterlassen, er entzifferte Helenes Spur und die Spuren von Kaninchen, und dann, als er schon aufgeben wollte, entdeckte er die befremdlichen Fußstapfen eines Wesens, das sich sowohl tretend als auch schleifend vorwärts bewegte. Während der eine Fuß also für ordentliche Abdrücke sorgte, schien der andere nur zischend über den Schnee gefahren zu sein – eine Erscheinung, die Franz Jesper Feddersen so beeindruckte, daß er die Spur verfolgte, durch den Gemüsegarten, gebeugt am schlappen Grünkohl vorbei, weiter über das verschneite Feld in Richtung Hünengrab, und immer noch gebeugt bis zu einem flachen, gleichwohl spurentilgenden Bach. Weiter ging er nicht, weiter lohnte es sich nicht zu gehen. Er sah auf und erblickte die beiden letzten Gehöfte von Bollerup, aus deren Schornsteinen es, wenn auch nicht friedlich, so doch dekorativ qualmte: in einem lebte Jörn, im andern Jens Otto Feddersen, der Dorsch. Grinsend trottete er dann nach Hause, gerade so, als ob er schon genug wüßte, kam also an und fand eine Großtante Helene, die vor Erregung ihr Gesichtszucken bekommen hatte.

Natürlich hatte sie den rapiden Schwund der Holzvorräte entdeckt, und in ihrer vorauseilenden Sorge sah sie sich nicht nur fröstelnd, sondern bereits steif- und festgefroren. »Als Eiszapf«, sagte sie, »wirst sehen, Jesper, daß ich noch als Eiszapf ende, wenn unsere Vorräte so das Laufen kriegen.« Sie wimmerte. Sie erregte sich. Sie drohte zum Fenster hinaus in Richtung Hünengrab. »Herrgott noch mal«, rief sie, oder so ähnlich, »vielleicht hat uns jemand den Kältetod zugedacht, und du, Jesper, siehst zu!« – »Bisher«, sagte der Pedder, »ist noch kein Grund zur Panik, aber damit das Gesichtszucken nachläßt, könnte ich ja was unternehmen.«

Danach trug er gemächlich eine Anzahl Holzscheite

in die Wohnung, höhlte diese Holzscheite nacheinander aus, schnappte sich das Säckchen mit Schwarzpulver und machte aus den Scheiten sozusagen hölzerne Granaten. Die Höhlungen wurden sorgfältig verschlossen, die Scheite wieder hinausgetragen zu den Stapeln und dort so verteilt, daß der Dieb, von welchem Ende er auch Pedders Holz abtrug, zumindest ein mit Pulver gefülltes Scheit nach Hause tragen mußte. Das reichte allerdings nicht aus, um Helenes Furcht vor einem Kältetod zu verringern. »Auf die Lauer legen mußt du dich«, sagte sie. »In die kalte Scheune einsperren mußt du ihn«, sagte sie, »und zwar zumindest für drei Tage.« Franz Jesper Feddersen winkte langsam ab und antwortete mit unheilvollem Lächeln: »Was seinen Lauf nehmen soll, hat schon seinen Lauf genommen, denn letzte Nacht ist wieder Holz verschwunden.«

Während Helene Feddersen jammernd die Hände rang, die verbliebenen Holzscheite abzählte und sogar erwog, sie mit verräterischer Farbe zu streichen, schleppte der Pedder wortlos zwei bequeme Stühle vor das Fenster, das den Blick in Richtung Hünengrab freigab, nötigte die Frau, Platz zu nehmen und die Dächer der beiden letzten Gehöfte, insbesondere das von Dorsch Feddersen, »still im Auge zu behalten«, wie er sagte. Und er sagte auch: »Warum alles aus mißlicher Nähe regeln, wenn es auf Entfernung viel unterhaltsamer geht?« Und dann warteten sie noch ein bißchen länger, noch etwas, meinetwegen können sie Tee mit Kandis trinken oder zwischendurch eine Fliederbeersuppe löffeln, die ja auch gegen Kälte gut ist – jedenfalls müssen sie sich bis zu violetter Winterdämmerung gedulden.

Gerechter Lohn des Wartens: auf einmal spielte Jens Otto Feddersens Ofen in seinem Haus Silvester. Nach einer schön gezackten Stichflamme schossen sprühende Wunderkerzen durch die Fenster, flammende Knallfrösche hüpften zum Bach hinab, eine helle, rotierende Sonne stieg in die Luft, und das schwere, das schneebemützte Dach lüftete sich ein wenig und sackte mit gestöhntem U-Laut wieder zurück – so tief, daß es auf dem Haus lag wie eine Mütze, die man viel zu tief in die Stirn gezogen hat. Eine Feuersbrunst entstand nicht.

Franz Jesper Feddersen forderte seine Frau auf, sich kältegerecht anzupellen, warf selbst die gefütterte Joppe über, und dann stiefelten sie beide in Richtung Hünengrab und weiter zu den letzten Gehöften, wo ein versengelter Dorsch hastig Hausrat und wertvollen Besitz ins Freie trug, unter anderem auch sein aus Eiche angefertigtes Holzbein für sonntags. Bevor ihm Pedder seine Hilfe anbot, erkundigte er sich teilnahmsvoll nach dem Grund des Unglücks. »Ach«, sagte Jens Otto Feddersen, »war man nix als der Ofen, ist einfach vor Altersschwäche explodiert.« – »Soll vorkommen«, sagte der Pedder, »aber ich hab auch schon gehört, daß manche Öfen nur deshalb explodieren, weil ihnen ein gewisses Holz nicht bekommt.« – »Das«, sagte der Dorsch, »kann gut sein, darum werde ich mir nächstens das Holz von weiter weg herholen.«

Sigismund von Radecki

Eine eilige Geschichte

Diese Geschichte habe ich einst in Irland gehört, und es kann gut sein, dass sie ziemlich alt ist. Dort saßen einmal zwei würdige Herren vor dem Kamin, starrten auf die zuckenden Flammengeister und machten endlich die Entdeckung, dass kein Tropfen Alkohol im Hause sei.

»Pat! Hallo, Pat!«, rief der Herr des Hauses, und prompt erschien der brave Diener Patrick in der Tür.

»Pat!«, sagte der Hausherr, »ich habe soeben festgestellt, dass die große Korbflasche leer ist, während Kapitän Kelly und ich nach einem Grog fast verschmachten. Wirf einen Sattel auf das schnellste Pferd im Stall, nimm die Korbflasche, reite geschwind in die Stadt und besorge uns von dort das Nötige. Wenn du dich beeilst, musst du in genau vierzig Minuten zurück sein. Aber verlier keine Zeit – ich glaube, wir können nicht eine Minute länger warten.«

»Herr!«, rief Patrick, »ich bin schon auf und davon!«

»Die Straßen sind bei dem Wetter ziemlich morastig«, meinte der Gast, als Pat verschwunden war. »Ich fürchte, Mr. Murphy, Ihr Diener wird den Weg in der festgesetzten Zeit nicht machen können.«

»Keine Besorgnis, Käp'n«, sagte Mr. Murphy beruhigend. »Dieser Diener ist der pünktlichste Mann in der ganzen Umgegend.« (Hier warf der Hausherr einen Blick auf seine goldene Repetieruhr): »Er muss jetzt eben bereits aus dem Stall galoppieren.«

Und der Hausherr lehnte sich zurück in seinen Sessel, wobei er die Uhr still in der Hand behielt. Kapitän Kelly strich die Bartwolle unterm Kinn, zog die eigene Uhr hervor, und nun fuhren beide fort, dem Boten in Gedanken zu folgen.

»Jetzt eben passiert er den Loughlinn-Sumpf«, meinte Murphy nach Ablauf von fünf Minuten.

»Jawohl«, nickte der Kapitän, »und nun ist er an Donovan's Schmiede vorüber.«

»Soeben ist er über Champey's Brücke gedonnert.«

»Jetzt ist er gerade am Friedhof!«

»Nun ist er am Friedhof vorüber!«

»Fünfzehn Minuten! Er ist schon in der Vorstadt!«

»Sechzehn Minuten! Er sprengt die Hauptstraße entlang.«

»Siebzehn Minuten! Jetzt bindet er das Pferd an und läuft in Jack Lonergans Wirtshaus.«

»Achtzehn Minuten! Jack füllt die Flasche auf!«

»Jack treibt den Korken hinein.«

»Pat hat die Korbflasche gegriffen und läuft hinaus zu seinem Pferd. Käp'n, ich sage noch mehr: das ist der pünktlichste Mann in der ganzen Grafschaft!«

»Einundzwanzig und eine halbe Minute. Er rast die Straße herauf, als sei der Teufel hinter ihm her!«

»Er passiert die Vorstadt.«

»Er jagt am Friedhof vorüber wie ein Gespenst.«

»Jetzt hat er die Brücke über den Bach passiert – bis aufs Tüpfelchen!«

»Siebenunddreißig Minuten«, trompetete der Kapitän. »Er hat die Schmiede hinter sich. Vorbei an der Straßenkreuzung wie eine Kugel! Jetzt spritzt er durch den Straßendreck gleich vor dem Sumpf. Mr. Murphy, halten Sie den Zucker und den Kessel bereit! Ihr Mann ist an der letzten Biegung. Jetzt nimmt er den letzten Hügel.«

»Neununddreißig Minuten!«, schrie Mr. Murphy. »Er muss bereits von der Straße hierher abgebogen sein. Käp'n, nicht mehr als eine Minute, und mein Mann steht hier in der Tür, oder ich bin ein Prahler!«

Atemlos, schweigend, stand das Paar da und horchte hinaus.

Da – in der Halle hörte man eilige Schritte.

»Käp'n«, brüllte der Hausherr, »sagt' ich's nicht: das ist der pünktlichste Diener auf der ganzen Insel! Vierzig Minuten, auf die Sekunde – und hier ist er!«

Die Tür wurde aufgestoßen. Die beiden Herren, fast bebend im Vorgefühl, taten einen Schritt vorwärts.

»Gnä' Herr«, sagte Pat, »jetzt such ich schon mehr als 'ne halbe Stunde nach dem Sattel, und kann und kann ihn nicht finden ...«

Anton Tschechow

Erzählung der Frau N. N.

Vor neun Jahren, um die Zeit der Heuernte, ritt ich eines Abends mit Pjotr Sergejewitsch, der damals Hilfsuntersuchungsrichter war, zur Bahnstation, um die Post zu holen. Das Wetter war herrlich, aber auf dem Rückweg hörten wir plötzlich fernes Donnergrollen und sahen eine böse schwarze Wolke, die direkt auf uns zuzog. Die Wolke näherte sich uns, und wir ritten ihr entgegen. Vor diesem dunklen Hintergrund hoben sich unser weißes Haus, die weiße Kirche und die silbernen Pappeln grell ab. Es roch nach Regen und frisch gemähtem Gras. Mein Begleiter war besonders gut aufgelegt. Er lachte viel und redete lauter Unsinn. Er sagte, dass es gut wäre, wenn wir unterwegs auf ein mittelalterliches Schloss mit Zinnen und Türmen stießen, wo alles von Moos überwuchert wäre und Eulen hausten, und uns darin vor dem Regen verstecken könnten, und wenn uns schließlich ein Blitz träfe …

Da lief aber schon die erste Welle über das Korn und den Hafer, und ein heftiger Windstoß hob eine Staubwolke in die Luft und ließ sie kreisen. Pjotr Sergejewitsch lachte und gab seinem Pferd die Sporen. »Wie schön!«, rief er aus. »Wie wunderschön!«

Er hatte mich mit seiner fröhlichen Stimmung angesteckt. Ich dachte daran, dass ich gleich nass bis auf die Knochen werden würde oder auch vom Blitz getroffen werden könnte, und fing wie er an zu lachen. Dieser Sturm und der schnelle Ritt gegen den Wind raubten mir den Atem. Ich fühlte mich wie ein Vogel, und meine Brust hob und senkte sich in höchster Erregung. Als wir unseren Hof erreichten, hatte sich der Wind bereits gelegt, und große, schwere Regentropfen prasselten auf den Rasen und auf die Dächer nieder. In der Nähe der Stallungen war kein Mensch zu sehen.

Pjotr Sergejewitsch zäumte eigenhändig beide Pferde ab und brachte sie in den Stall. Ich stand indessen an der Schwelle und sah auf die schrägen Regenstreifen. Der süßliche, aufregende Heuduft war hier stärker als draußen auf dem Feld; die Wolken und der Regen dämpften das Tageslicht, und alles sah wie in der Dämmerung aus.

»Das war ein Schlag!«, sagte Pjotr Sergejewitsch, nach einem sehr starken, dröhnenden Donnerschlag auf mich zugehend. Es krachte, als ob der Himmel in Stücke ginge. »Das war doch schön?«

Er stand neben mir auf der Schwelle, immer noch keuchend nach dem raschen Ritt, und sah mich an. Ich spürte, dass er mich bewunderte.

»Natalia Wladimirowna«, sagte er, »ich würde alles hingeben, nur um immer so stehen und auf Sie schauen zu dürfen. Sie sind heute so schön.«

Er blickte mich flehend und entzückt an, sein Gesicht war blass, in seinem Bart glänzten Regentropfen, und es kam mir so vor, als ob auch sie mich mit Liebe ansähen.

»Ich liebe Sie«, sagte er. »Ich liebe Sie und bin glücklich, dass ich Sie sehe. Ich weiß, dass Sie nicht die meinige werden können, aber ich will nichts, und ich brauche nichts. Ich will nur, dass Sie wissen, wie sehr ich Sie liebe. Schweigen Sie, sagen Sie nichts, schenken Sie mir keine Beachtung; aber fühlen Sie, wie teuer Sie mir sind, und lassen Sie mich Sie anschauen.«

Seine Erregung ergriff auch mich. Ich sah sein begeistertes Gesicht, ich hörte seine Stimme, die sich mit dem Rauschen des Regens vermengte, und stand regungslos und wie bezaubert da. Ich wollte immer nur diese glänzenden Augen sehen und seine Stimme hören.

»Sie schweigen, und das ist schön!«, sagte Pjotr Sergejewitsch. »Bleiben Sie so!«

Mir war so wohl zumute. Ich lachte vor Vergnügen und rannte durch den Regen nach Hause; auch er lachte und lief mir hüpfend nach. Wir stürzten beide, wie Kinder polternd, durchnässt und atemlos ins Zimmer. Mein Vater und mein Bruder, die nicht gewohnt waren, mich lachend und ausgelassen zu sehen, sahen mich erstaunt an und begannen gleichfalls zu lachen.

Die Gewitterwolken verzogen sich, der letzte Donner war verhallt, aber in Pjotr Sergejewitschs Bart glänzten noch immer Regentropfen. Er sang und pfiff den ganzen Abend bis zum Abendbrot, spielte mit unserem Hund und jagte ihm so wild von Zimmer zu Zimmer nach, dass er beinahe den Diener, der den Samowar brachte, umgeworfen hätte. Beim Abendbrot aß er sehr viel, redete Unsinn und behauptete, dass man, wenn man im Winter eine frische Gurke esse, den Duft des Frühlings im Munde habe.

Als ich vor dem Schlafengehen das Licht anzündete und mein Schlafzimmerfenster weit öffnete, überkam mich ein eigentümliches, unbestimmtes Gefühl. Ich dachte daran, dass ich frei, gesund, vornehm und reich war, dass ich geliebt wurde; doch vor allen Dingen, dass ich vornehm und reich war; vornehm und reich, mein Gott, wie schön war das! Und als ich nachher im Bett lag und ob der nächtlichen Kühle, die aus dem Garten in mein Zimmer drang, leicht zitterte, fragte ich mich, ob ich Pjotr Sergejewitsch liebte oder nicht. Ich konnte mir keine Rechenschaft darüber abgeben und schlief schließlich ein.

Als ich am nächsten Morgen die zitternden Sonnenflecken und die Schatten der Lindenzweige auf meinem Bett sah, lebte in meiner Erinnerung alles von Neuem auf, was am Tag zuvor vorgefallen war. Das Leben erschien mir so reich, bunt und voller Reize. Ich kleidete mich, immer vor mich hin trällernd, an und lief in den Garten ...

Was weiter geschah? Nichts. Im Winter, als wir wieder in der Stadt wohnten, besuchte uns Pjotr Sergejewitsch sehr selten. Leute, die man auf dem Land kennengelernt hat, haben nur im Sommer und auf dem

Land ihren Reiz; im Winter und in der Stadt verlieren sie die Hälfte ihrer Anziehungskraft. Wenn sie bei uns in der Stadt am Teetisch sitzen, scheint es uns immer, dass sie viel zu weite Röcke anhaben und ihren Tee viel zu lange umrühren. Pjotr Sergejewitsch sprach auch in der Stadt zuweilen von seiner Liebe, es klang aber ganz anders als auf dem Land. In der Stadt fühlten wir viel deutlicher die Mauer, die uns voneinander trennte: Ich war reich und vornehm und er arm, bürgerlicher Herkunft, Sohn eines Küsters und nur Hilfsuntersuchungsrichter. Wir beide – ich, weil ich jung war, und er, ich weiß nicht, warum – hielten diese Mauer für stark und unüberwindlich. Wenn er uns in der Stadt besuchte, lächelte er gezwungen und kritisierte die vornehme Welt oder schwieg, wenn sonst jemand im Zimmer war. Es gibt keine Mauer, die nicht zu durchbrechen ist, aber die Romanhelden von heute sind, soweit ich sie kenne, viel zu schüchtern, schwächlich, träge und ängstlich. Sie finden sich viel zu leicht und viel zu schnell mit dem Gedanken ab, dass sie Pechvögel sind und das Leben sie betrogen hat. Statt zu kämpfen, kritisieren sie alles, finden die ganze Welt banal und merken dabei gar nicht, dass auch ihre Kritik allmählich zu einer Banalität ausartet.

Ich wurde geliebt, das Glück war so nahe, dass ich es mit meiner Schulter berührte. Ich lebte vergnügt in den Tag hinein und versuchte gar nicht, mir Rechenschaft darüber abzulegen, was ich von der Zukunft erwartete und vom Leben verlangte; und die Zeit ging dahin ... Menschen zogen mit ihrer Liebe an mir vorbei, heitere Tage und warme Nächte lösten einander ab, Nachtigallen schlugen, das frisch gemähte Gras duftete, und all das Liebe, das mir in der Erinnerung später so erstaunlich erschien, glitt schnell, spurlos und von mir missachtet vorüber und zerschmolz wie ein Nebel ... Wo ist es nun alles geblieben? Mein Vater starb, und ich wurde älter. Alles, was mich bezauberte, was mich zärtlich umfing und mit Hoffnung erfüllte, ist zu einer bloßen Erinnerung geworden, und ich sehe nichts als eine gleichförmige, öde Steppe vor mir; in der Steppe ist keine Menschenseele, und am Horizont ist es so schrecklich und finster ...

Da klingelt es wieder. Es ist Pjotr Sergejewitsch. Wenn ich im Winter die Bäume sehe und daran denke, wie sie im Sommer für mich grünten, so flüstere ich: »Ihr, meine Lieben ...« Und wenn ich Menschen sehe, mit denen ich meinen Frühling verbracht habe, wird mir traurig und warm ums Herz, und ich flüstere dasselbe. Pjotr Sergejewitsch ist, dank der Verwendung meines Vaters, schon längst in die Stadt versetzt worden. Er ist etwas gealtert und abgemagert. Er macht mir keine Liebeserklärungen mehr, spricht keine Dummheiten, verachtet seine Amtstätigkeit, hat irgendein Leiden, ist vom Leben enttäuscht und lebt ohne jede Lust dahin. Er setzte sich an den Kamin und blickte schweigend ins Feuer. Ich wusste nicht, was ich sagen sollte, und fragte: »Nun, was gibt's?«

»Nichts Besonderes«, erwiderte er.

Wir schwiegen wieder. Der rote Widerschein vom Kamin zitterte auf seinem traurigen Gesicht. Mir kam wieder alles Vergangene in den Sinn, meine Schultern begannen zu beben, mein Kopf fiel auf die Brust, und ich brach in Tränen aus. Ich fühlte tiefes Mitleid mit mir selbst und mit diesem Menschen, und ich sehnte mich so leidenschaftlich nach allem, was vergangen war und was uns das Leben nicht mehr zu geben vermochte. Und ich dachte nicht mehr daran, dass ich reich und vornehm war. Ich schluchzte laut, presste mir die Schläfen zusammen und flüsterte: »Mein Gott, mein Gott, wie ist doch mein Leben zugrunde gerichtet ...«

Und er saß schweigend da und sagte nicht: »Weinen Sie nicht.« Er fühlte, dass die Zeit gekommen war, da man weinen musste. Ich las es in seinen Augen, dass er Mitleid mit mir hatte; und auch er tat mir leid, und ich ärgerte mich zugleich über diesen schüchternen Unglücksmenschen, der weder mein noch sein Leben hatte einzurichten verstanden.

Als wir uns im Vorzimmer verabschiedeten, brauchte er auffallend viel Zeit, um seinen Pelzmantel anzuziehen. Er küsste mir zweimal stumm die Hand und sah lange in mein verweintes Gesicht. Ich glaube, dass er in diesen Augenblicken an das Gewitter, an die Regenstreifen, an unser Lachen und mein Gesicht von damals dachte. Er wollte mir offenbar etwas sagen, sagte aber nichts, sondern schüttelte nur den Kopf und drückte mir fest die Hand. Gott mit ihm!

Nachdem ich ihn hinausbegleitet hatte, kehrte ich in mein Boudoir zurück und setzte mich auf den Teppich vor den Kamin. Die rote Kohlenglut war mit Asche überzogen und verglomm. Der Frost klopfte noch wütender an die Fensterscheiben, und der Wind im Schornstein sang sein Lied. Das Dienstmädchen kam herein. Sie glaubte, dass ich eingeschlafen sei, und rief: »Gnädiges Fräulein ...«

Guy de Maupassant

Das Waisenkind

Mademoiselle Source hatte den Jungen einst unter recht traurigen Umständen adoptiert. Sie war damals sechsunddreißig und derart entstellt (sie war vom Schoß ihres Kindermädchens in den offenen Kamin gerutscht, und ihr Gesicht wurde derart schlimm verbrannt, dass es bis heute schrecklich anzusehen war), dass sie beschloss, ledig zu bleiben, da sie nicht ihres Geldes wegen geheiratet werden wollte.

Eine Nachbarin, die während ihrer Schwangerschaft Witwe wurde, starb im Wochenbett, ohne einen Sou zu hinterlassen. Mademoiselle Source nahm das Neugeborene an sich, pflegte es, zog es auf, schickte es in ein Internat, holte es mit vierzehn wieder zu sich, um in ihrem leeren Haus jemanden zu haben, der sie mochte, der sich um sie sorgte, der ihr das Alter versüßte.

Sie bewohnte einen Landsitz vier Meilen von Rennes entfernt und lebte inzwischen ohne Magd. Seit der Ankunft ihres Waisenkinds waren die Ausgaben um über das Doppelte gestiegen, ihr Einkommen von dreitausend Francs reichte nicht mehr aus, um drei Leute zu verköstigen.

Den Haushalt und die Küche machte sie selbst, und die Besorgungen ließ sie den Kleinen erledigen, der sich auch um den Garten kümmerte. Er war lieb, schüchtern, ruhig und zärtlich. Sie empfand eine tiefe, ganz neuartige Freude, wenn sie von ihm liebkost wurde, ohne dass er sich an ihrer Hässlichkeit gestört oder sich erschreckt hätte. Er sagte Tante zu ihr, und sie behandelte ihn wie eine Mutter.

Abends saßen die beiden am Kamin, und sie reichte ihm Süßigkeiten. Sie machte Glühwein und röstete eine Scheibe Brot, eine köstliche Kleinigkeit zum Essen, bevor man zu Bett ging. Oft nahm sie ihn zwischen ihre Beine, küsste ihn und flüsterte ihm zärtliche, leidenschaftliche Worte ins Ohr. Sie nannte ihn »meine kleine Blume, mein Cherub, mein geliebter Engel, mein himmlischer Schatz«. Er ließ es gern mit sich geschehen und verbarg seinen Kopf unter der Schulter der alten Jungfer.

Obwohl er inzwischen fast fünfzehn war, hatte er etwas Schwächliches an sich, war klein und schaute ein wenig kränklich aus.

Manchmal, wenn sie zwei Verwandte besuchte, entfernte Cousinen, die in einem Vorort verheiratet und ihre einzigen Familienangehörigen waren, nahm Mademoiselle Source ihn mit in die Stadt. Die beiden Frauen verübelten es ihr, mit Blick auf die Erbschaft, von Anfang an, dass sie dieses Kind adoptiert hatte; trotzdem war sie bei ihnen jederzeit willkommen, da die beiden nach wie vor auf ihren Anteil hofften, was in jedem Fall ein Drittel war, vorausgesetzt, ihr Erbe würde gleichmäßig aufgeteilt werden.

Sie war glücklich, sehr glücklich, immer mit ihrem Kind beschäftigt. Sie kaufte ihm Bücher, die seinen Geist verfeinern sollten, und er machte sich begierig an die Lektüre.

Er saß jetzt abends nicht mehr auf ihrem Schoß, um zu schmusen; stattdessen setzte er sich sofort auf seinen kleinen Stuhl in der Kaminecke und schlug ein Buch auf. Die über seinem Kopf am Bücherregal angebrachte Lampe schien auf seine lockigen Haare herab und auf ein Stück seiner Stirn; er rührte sich nicht, hob die Augen nicht auf, gab keinen Ton von sich; er las, vollkommen entrückt und in das Abenteuer des Buches abgetaucht.

Sie saß ihm gegenüber und schaute ihn, eifersüchtig und häufig zu Tränen gerührt, unentwegt mit leuchtenden Augen an, hin und weg von seinem Versunkensein.

Ab und zu sagte sie zu ihm: »Du überanstrengst dich noch, mein Schatz!«, und hoffte, dass er aufschaute und ihr einen Kuss gab; aber er antwortete nicht, hatte es nicht einmal gehört, hatte sie überhaupt nicht wahrgenommen: Er kannte nichts anderes mehr als das, was er auf diesen Seiten erblickte.

Zwei Jahre lang verschlang er zahllose Bücher. Sein Charakter änderte sich.

Schließlich bat er Mademoiselle Source mehrfach um Geld, das sie ihm auch gab. Als er immer mehr wollte, weigerte sie sich, denn sie hielt auf Ordnung und war energisch, und sie konnte, wenn es nötig war, auch konsequent sein.

Wegen seiner inständigen Bitten bekam er von ihr eines Abends nochmals eine erkleckliche Summe; als er sie aber ein paar Tage später von neuem anflehte, blieb sie hartnäckig und gab auch nie wieder nach.

Er schien es hinzunehmen.

Er wurde wieder ruhiger, so wie er es früher war, und genoss es, mit verträumtem Blick ganze Stunden lang reglos dazusitzen. Er redete nicht einmal mehr mit Mademoiselle Source und antwortete ihr, wenn sie etwas sagte, allenfalls mit wenigen knappen Sätzen.

Trotzdem war er nett zu ihr und sorgte sich um sie; einen Kuss bekam sie aber nie wieder von ihm.

Wenn sie sich jetzt abends an den beiden Ecken des Kamins starr und schweigend gegenübersaßen, bekam sie manchmal Angst vor ihm. Am liebsten hätte sie ihn gerüttelt, damit er etwas sagte, egal was, nur damit diese schreckliche, ans Dunkel eines Waldes erinnernde Stille ein Ende hatte. Doch er schien sie nicht zu hören, während sie, eine arme, schwache Frau, vor Schreck zitterte, wenn sie fünf- oder sechsmal hintereinander etwas zu ihm gesagt hatte, ohne ein einziges Wort aus ihm herauszubekommen.

Was hatte er? Was spielte sich in diesem verschlossenen Kopf ab? Wenn sie ihm zwei oder drei Stunden so gegenübersaß, hatte sie das Gefühl, verrückt zu werden, wollte davonrennen, ins Freie hinaus fliehen, um diesem stummen, endlosen Tête-à-Tête und einer unbestimmten Gefahr, von der sie keine Vorstellung hatte, die sie aber spürte, zu entkommen.

Mit sich allein, weinte sie oft. Was hatte er? Äußerte sie einen Wunsch, tat er ihr den Gefallen ohne jedes Murren. Brauchte sie etwas aus der Stadt, erledigte er es sofort. Sie konnte sich über ihn nicht beklagen, gewiss nicht! Und dennoch ...

Wieder ging ein Jahr dahin, und es schien ihr, als hätte sich in dem mysteriösen Geist des jungen Mannes erneut ein Wandel vollzogen. Sie merkte es, spürte es, erriet es. Wie? Egal! Sie war sich sicher, dass sie sich nicht täuschte; doch sie hätte nicht sagen können, in welcher Weise sich die ihr unbekannten Gedanken dieses seltsamen Jungen gewandelt hatten.

Es kam ihr so vor, als hätte er bisher einem Zaudernden geglichen, der plötzlich einen Entschluss gefasst hat. Dieser Gedanke kam ihr eines Abends, als ihre Blicke sich trafen und sie einem stierenden, sonderbaren Blick begegnete, den sie nie an ihm gekannt hatte.

Danach fing er an, sie jeden Augenblick zu beobachten, während sie sich am liebsten versteckt hätte, um diesem kalten, auf sie gehefteten Blick zu entgehen.

Ganze Abende lang fixierte er sie und wandte sich nur ab von ihr, wenn sie, mit ihren Kräften am Ende, sagte:

»Schau mich doch nicht so an, mein Kind!«

Dann ließ er den Kopf sinken.

Sobald sie ihm aber den Rücken zukehrte, spürte

sie von neuem sein Auge auf sich. Wohin auch immer sie ging, er verfolgte sie mit seinem durchdringenden Blick.

Ging sie gelegentlich in ihrem kleinen Garten umher, bemerkte sie auf einmal, wie er geduckt auf einem Baumstamm hockte, wie in einem Hinterhalt; oder wenn sie, Socken stopfend, vor ihrem Haus saß und er ein paar Gemüsebeete umgrub, dann spähte er, immerzu arbeitend, unentwegt und heimtückisch nach ihr.

Sie konnte ihn noch so oft fragen:

»Was hast du, mein Kleiner? Seit drei Jahren bist du ganz anders. Ich erkenne dich nicht wieder. Sag mir, was du hast, was du denkst, ich bitte dich.«

In ruhigem, gelangweiltem Ton erklärte er dann jedes Mal:

»Aber ich hab doch nichts, liebe Tante!«

Und wenn sie nicht nachgab und ihn anflehte:

»Ach, mein Kind, antworte mir doch, antworte mir, wenn ich mit dir rede. Wüsstest du, welchen Kummer du mir machst, würdest du mir immer antworten und mich nicht so anschauen. Bedrückt dich etwas? Sag es mir, ich will dich beruhigen ...«

Mit missmutiger Miene ging er weg und murmelte vor sich hin: »Glaub mir endlich, dass ich nichts habe.«

Er war nicht viel größer geworden, sah immer noch wie ein Kind aus, auch wenn seine Gesichtszüge diejenigen eines Mannes waren. Sie waren hart und trotzdem unfertig. Er wirkte unreif, unterentwickelt, wie ein Entwurf erst und unheimlich wie ein Mysterium.

Er war ein verschlossenes, undurchdringliches Wesen, in dessen Sinnen sich unablässig etwas zu regen schien, etwas Köchelndes und Bedrohliches.

Mademoiselle Source spürte das alles und konnte vor Angst nicht mehr schlafen. Furchtbare Qualen suchten sie heim und grauenhafte Albträume. Sie schloss sich in ihrem Zimmer ein und verbarrikadierte ihre Tür, von Entsetzen gepeinigt.

Wovor hatte sie Angst?

Sie wusste es selbst nicht.

Angst vor allem, vor der Nacht, vor Mauern, vor den Schatten, die der Mond durch die Fenstervorhänge warf, und vor allem Angst vor ihm!

Warum?

Was hatte sie zu fürchten? Wusste sie es ...?

Sie konnte so nicht weiterleben! Sie war sich sicher, dass ihr ein Unheil bevorstand, ein grausiges Unheil.

Eines Morgens machte sie sich heimlich davon und ging in die Stadt zu ihren Verwandten. Atemlos erzählte sie ihnen die Sache. Die beiden Frauen dachten, sie sei dem Wahnsinn nahe, und versuchten sie zu beruhigen.

Sie sagte:

»Wenn ihr wüsstet, wie er mich von morgens bis abends anschaut. Er lässt die Augen nicht von mir! Manchmal würde ich am liebsten um Hilfe rufen, die Nachbarn holen, so habe ich Angst! Aber was sollte ich ihnen sagen? Er tut ja nichts, außer mich anschauen.«

Die zwei Frauen fragten:

»Ist er manchmal gewalttätig? Gibt er dir grobe Antworten?«

Sie wiederholte:

»Nein, nie; er tut alles, was ich will; er arbeitet gut und ist inzwischen auch ordentlich; aber ich halte diese Angst nicht mehr aus. Es ist etwas in seinem Kopf, da bin ich sicher, ganz sicher. Ich will mit ihm nicht mehr allein auf dem Land leben.«

Die aufgeschreckten Verwandten gaben ihr zu verstehen, dass sie sich wunderten und nichts von alldem begriffen; und sie rieten ihr, niemandem etwas von ihren Ängsten und Absichten zu erzählen; sie wollten sie aber auch nicht davon abhalten, in die Stadt zu ziehen, da sie sich dadurch erhofften, wieder an das gesamte Erbe zu kommen.

Sie versprachen ihr sogar, beim Verkauf ihres Hauses zu helfen und ein anderes in ihrer Nachbarschaft zu suchen.

Mademoiselle Source ging wieder nach Hause. Doch sie war derart durcheinander, dass sie beim geringsten Geräusch zusammenzuckte und ihre Hände bei der allerkleinsten Aufregung zu zittern anfingen.

Noch zweimal ging sie zu ihren Verwandten, um sich mit ihnen abzusprechen, jedes Mal fest entschlossen, nicht mehr in ihrem abgelegenen Haus zu bleiben. Schließlich entdeckte sie in dem Vorort ein Häuschen, das ihr gefiel, und sie kaufte es heimlich.

Die Vertragsunterzeichnung fand an einem Dienstagmorgen statt, und Mademoiselle Source verbrachte den Rest des Tages mit Vorbereitungen für den Umzug.

Um acht Uhr abends nahm sie wieder die Postkutsche, deren Strecke einen Kilometer von ihrem Haus entfernt verlief, und sie ließ den Kutscher dort, wo er sie immer absetzte, halten. Als er schon wieder auf seine Pferde einpeitschte, rief er ihr noch zu:

»Schönen Abend, Mademoiselle Source, und gute Nacht!«

Im Weggehen antwortete sie:

»Guten Abend, Joseph.«

Als morgens um halb acht der Briefträger mit der Post ins Dorf kam, entdeckte er auf der Kreuzung, unweit der Hauptstraße, einen großen, noch frischen Blutfleck. Er sagte sich: »Nanu! Welcher Besoffene hat hier aus der Nase geblutet?« Doch zehn Schritte weiter sah er ein Taschentuch liegen, das auch blutig war. Er hob es auf. Es war aus feinem Stoff, und verblüfft, wie er war, ging er zum Graben hinüber, wo er einen merkwürdigen Gegenstand zu erblicken meinte.

Mademoiselle Source lag auf der Grassohle, die Brust von einem Messerstich aufgeschlitzt.

Eine Stunde später inspizierten die Gendarmen, der Untersuchungsrichter und zahlreiche Beamte die Gegend um die Leiche herum.

Die als Zeuginnen herbeigerufenen beiden Verwandten erzählten alles über die Ängste und Absichten der alten Jungfer. Der Waise wurde festgenommen.

Seit dem Tod derjenigen, die ihn adoptiert hatte, weinte er von morgens bis abends und war, zumindest nach außen hin, in tiefstem Gram versunken.

Er bewies, dass er an diesem Abend bis um elf Uhr in einem Café verbracht hatte. Zehn Leute, die sich dort ebenfalls bis zu seinem Aufbruch aufhielten, hatten ihn gesehen. Der Kutscher wiederum gab an, die Ermordete an der Straße zwischen halb zehn und zehn abgesetzt zu haben. Das Verbrechen konnte nur nach zehn Uhr auf der Strecke zwischen der Hauptstraße und ihrem Haus begangen worden sein.

Der Angeklagte wurde freigesprochen.

Ein schon altes Testament, das beim Notar in Rennes hinterlegt war, machte ihn zum Alleinerben; er bekam alles.

Bei den Leuten, die ihn nach wie vor verdächtigten, stand er noch lange unter Beobachtung. Über seinem Haus, demjenigen der Toten, schien ein Fluch zu liegen. Man machte einen großen Bogen um ihn.

Aber er erwies sich als ein so guter, so offener, so vertrauenswürdiger Kerl, dass sich allmählich die fürchterlichen Zweifel zerstreuten. Er war großzügig, zuvorkommend und redete mit jedem, auch mit den einfachsten Leuten, so lange man wollte.

Der Notar, Monsieur Rameau, den seine heitere Leutseligkeit beeindruckte, war einer der Ersten, die sich ihm gegenüber versöhnlich zeigten. Eines Abends erklärte er bei einem Essen, das der Steuereintreiber gab:

»Ein Mensch, der so ungezwungen mit jedem redet und immer gute Laune verbreitet, kann kein derartiges Verbrechen auf dem Gewissen haben.«

Von einem solchen Argument überzeugt, besannen sich auch dessen Mitarbeiter eines Besseren und fingen an, sich langer Gespräche mit diesem Menschen zu entsinnen, bei denen er sie fast mit Gewalt an irgendeiner Straßenecke festhielt, um ihnen das, was ihm durch den Kopf ging, anzuvertrauen und sie zu sich hereinzubitten, wenn man an seinem Garten vorbeikam, wobei er noch schneller einen Witz auf Lager hatte als selbst der Gendarmerieleutnant und eine so ansteckende Fröhlichkeit besaß, dass man trotz der Beklemmung, die man in seiner Gegenwart verspürte, in seiner Gesellschaft unentwegt unwillkürlich lachen musste.

Alle Türen öffneten sich ihm.

Inzwischen ist er Bürgermeister der Gemeinde.

Georges Simenon

Die Wachstropfen

Das war einer der seltenen Fälle, die anhand von Lageplänen und Dokumenten, durch logisches Schlussfolgern und mit kriminologischen Methoden hätten gelöst werden können. Im Übrigen wusste Maigret, als er den Quai des Orfèvres verließ, bereits alles – bis hin zu den Fässern, die eine Rolle spielten.

Er hatte mit einer kurzen Reise an einen anderen Ort gerechnet – und eine anstrengende Reise in eine andere Zeit angetreten. Kaum hundert Kilometer von Paris entfernt, in Vitry-aux-Loges, stieg er aus einem der komischen kleinen Züge, die man nur noch von alten Bilderbögen kennt, und als er nach einem Taxi fragte, erntete er strenge Blicke, weil die Leute dachten, er scherze. Beinahe hätte er den Rest der Strecke auf dem Karren des Bäckers zurückgelegt, aber im letzten Augenblick konnte er den Metzger überreden, ihn in seinem Lieferwagen hinzubringen.

»Fahren Sie oft dahin?«, fragte der Kommissar und meinte damit den kleinen Ort, in den ihn seine Ermittlungen führten.

»Zweimal die Woche … Nur Ihretwegen kommt der Metzger in dieser Woche ein drittes Mal vorbei …«

Wenngleich Maigret nur vierzig Kilometer von hier entfernt, an den Ufern der Loire, geboren war, hatte er nicht erwartet, dass er den Wald von Orléans als einen so tragischen Anblick empfinden würde.

Rundherum nichts als Wald. Der Lieferwagen fuhr etwa zehn Kilometer lang durch eine Schlucht aus hohen Stämmen, ehe er ein Dorf inmitten einer Lichtung erreichte.

»Ist es hier?«

»Die nächste Ortschaft ...«

Es regnete zwar nicht, aber der Wald war feucht und der Himmel von überwältigend grellem Weiß. Die Bäume hatten beinahe ihr ganzes Laub verloren, das allmählich verrottete, da und dort knackte es, und in der Ferne war bisweilen ein Schuss zu hören.

»Wird hier viel gejagt?«

»Das muss der Herzog sein ...«

Und da, auf einer Lichtung, die kleiner war als alle vorherigen, scharten sich an die dreißig niedrige Katen dicht um eine Kirche mit spitzem Glockenturm. Wahrscheinlich war kein Einziges der Häuser weniger als hundert Jahre alt, und die schwarzen Schieferdächer verstärkten noch den abweisenden Eindruck, den sie erweckten.

»Setzen Sie mich bei den Schwestern Potru ab ...«

»Hab ich mir gedacht. Das ist vor der Kirche ...«

Maigret stieg aus, während der Metzger etwas weiter weg die Heckklappe seines Wagens öffnete und ein paar schwatzende Frauen anlockte, die sich jedoch nicht dazu durchrangen, außerhalb der üblichen Tage Fleisch zu kaufen.

Maigret hatte den Lageplan der Beamten, die die Untersuchung eingeleitet hatten, so gründlich studiert, dass er sich mit geschlossenen Augen im Haus hätte zurechtfinden können.

Genau das hätte er beinahe tun müssen, so düster war es in den Räumen. Es war wahrhaftig eine Zeitreise, auf die sich der Kommissar begab, als er den Laden betrat, der dem gegenwärtigen Jahrhundert zu trotzen schien.

Das Licht war hier so spärlich verteilt wie auf den Gemälden der alten Meister, und auch Möbel und Wände hatten die gleichen Farben wie auf den ehrwürdigen Bildern, mit hellen Einsprengseln auf dunkel schimmernden Flächen und hier und da einem jähen Lichtreflex auf einem Glas oder auf blankem Kupfer.

Seit fünfundsechzig Jahren, seit ihrer Geburt, wohnten die Demoiselles Potru (wenigstens die Ältere, denn die Jüngere war erst zweiundsechzig) in diesem Haus, in dem vor ihnen seit eh und je ihre Eltern gewohnt hatten.

Nichts dürfte sich hier verändert haben, weder der Ladentisch mit seiner Waage und den Bonbondosen noch das Regal mit den Kurzwaren oder das mit den Gewürzen, das einen faden Geruch von Zimt und Zichorie verströmte, auch nicht die Zinktheke, an der Getränke ausgeschenkt wurden.

In einer Ecke ein Petroleumfass, daneben ein kleineres Fass, das Speiseöl enthielt. Hinten im Raum zwei Tische, auf der linken Seite noch einer, lange, von der Zeit blankpolierte Tische mit Bänken ohne Rückenlehne.

Eine Tür ging auf, ebenfalls links. Eine etwa zweiunddreißig oder dreiunddreißig Jahre alte Frau mit einem Baby auf dem Arm betrachtete Maigret.

»Was gibt's?«

»Kümmern Sie sich nicht um mich ... Ich komme wegen der polizeilichen Ermittlung ... Sie sind sicher eine Nachbarin?«

Und die Frau, deren Bauch sich unter der Schürze wölbte, antwortete:

»Ich bin Marie Lacore, die Frau des Schmieds ...«

Beim Anblick einer Petroleumlampe, die an der Decke hing, fiel Maigret ein, dass es in dem kleinen Dorf keinen elektrischen Strom gab.

Der zweite Raum, den er ungebeten betrat, war derart dunkel, dass man über die Flammen von zwei Holzscheiten froh war. In deren Schein entdeckte Maigret ein breites Bett mit vielen Matratzen und einem roten, wie ein Ballon aufgeblähten Federbett und in dieser Schlafstatt eine reglose alte Frau mit einem starren, bleichen Gesicht, in dem nur die Augen von Leben erfüllt schienen.

»Sagt sie noch immer nichts?«, erkundigte sich Maigret bei Marie Lacore.

Sie schüttelte den Kopf, und der Kommissar zuckte mit den Schultern, setzte sich auf einen Stuhl mit Korbgeflecht und zog Papiere aus seinen Taschen.

Das Ereignis an sich, das sich fünf Tage zuvor zugetragen hatte, war keineswegs sensationell. Von den Schwestern Potru, die allein in der Kate hausten, wurde allgemein angenommen, dass sie über Ersparnisse verfügten. Ihnen gehörten sogar noch drei andere Häuser des Dorfes, und sie galten weit und breit als geizig.

In der Nacht von Freitag auf Samstag hatten die Nachbarn zwar gemeint, sie hätten ein Geräusch vernommen, aber sie hatten sich nicht weiter darum gekümmert. Am Samstag im Morgengrauen hatte dann ein Bauer im Vorbeigehen entdeckt, dass das Fenster der Schlafstube weit offen stand, er war näher herangetreten und hatte um Hilfe gerufen.

Nahe am Fenster lag Amélie Potru, im Nachthemd, in einer Blutlache. Auf dem Bett, mit dem Gesicht zur Wand, ihre Schwester Marguerite; sie war tot, die Brust von drei Messerstichen durchbohrt, die rechte Wange zerfetzt und das Auge halb ausgestochen.

Amélie lebte. Sie hatte versucht, Alarm zu schlagen, und deshalb das Fenster geöffnet, war dann aber, vom Blutverlust geschwächt, zusammengebrochen. Allerdings war keine ihrer elf Wunden, die sich beinahe alle über die rechte Schulter und die rechte Körperseite verteilten, wirklich gefährlich.

Die zweite Schublade der Kommode war herausgezogen und die Wäsche durchwühlt worden, und auf dieser Wäsche hatte man eine alte, grünlich verfärbte Ledermappe gefunden, in der die beiden Schwestern wohl ihre Dokumente aufzubewahren pflegten. Auf dem Fußboden ein Sparkassenbuch, Wertpapiere, Mietverträge und Rechnungen von Lieferanten.

Orléans hatte die Ermittlung durchgeführt. So verfügte Maigret nicht nur über einen genauen Lageplan, sondern auch über Fotos und über die Vernehmungsprotokolle.

Die Tote, Marguerite, war zwei Tage später beerdigt worden. Amélie hatte indessen, als die Rede davon war, sie ins Krankenhaus zu bringen, wild um sich geschlagen, sich mit den Fingernägeln in den Bettlaken festgekrallt und mit Blicken zu verstehen gegeben, man solle sie gefälligst zu Hause lassen.

Da sie nach Auskunft des Gerichtsmediziners keine inneren Verletzungen hatte, konnte man ihr plötzliches Stummsein nur auf den Schock zurückführen. Inzwischen waren es immerhin fünf Tage, in denen kein einziger Laut über ihre Lippen gekommen war und in denen sie dalag und trotz ihrer Reglosigkeit und ihrer Verbände alles beobachtete, was um sie herum vorging. Und auch jetzt ließ sie Maigret nicht aus den Augen.

Immerhin war drei Stunden nach der Ermittlung der Staatsanwaltschaft von Orléans ein Mann festgenommen worden, weil alles auf ihn als Mörder hinwies. Es war Marcel, der leibliche Sohn derjenigen der beiden Schwestern, die tot war. Denn mit dreiundzwanzig

Jahren hatte sie einen Sohn bekommen, der mittlerweile neununddreißig war und der, nachdem er beim Herzog, wie jeder in der Gegend sagte, Stallmeister gewesen war, nun als Holzfäller im Wald arbeitete und zehn Kilometer entfernt, neben dem Étang du Loup-Pendu, in einem verfallenen Bauernhaus wohnte.

Ihn hatte Maigret in seiner Zelle besucht. Er war ein wahrlich grober Klotz, und schon mehrmals war er wochenlang verschollen gewesen, ohne dass seine Frau und seine fünf Kinder, die er hauptsächlich mit Schlägen großzog, ein Lebenszeichen von ihm erhalten hätten. Obendrein war er ein Trunkenbold, ein ganz verkommenes Geschöpf.

Maigret wollte das, was Marcel ihm über den fraglichen Abend erzählt hatte, noch einmal in der Atmosphäre lesen, in der es sich zugetragen hatte.

»Ich bin so um sieben rum mit dem Fahrrad hingekommen, als sich ›die Frauen‹ grad an den Tisch setzen wollten. Ich hab am Tresen einen Schluck getrunken, dann bin ich in den Hof hinaus, ein Karnickel schlachten, ich hab ihm das Fell abgezogen, und meine Mutter hat es gebraten. Meine Tante hat wie immer gemeckert, sie hat mich ja noch nie riechen können …«

Die Leute aus der Gegend bestätigten, dass Marcel sich angewöhnt hatte, herzukommen und sich bei seiner Mutter, die nicht wagte, ihm etwas abzuschlagen, und bei seiner Tante, die Angst vor ihm hatte, derart den Bauch vollzuschlagen.

»Es hat noch einmal Krach gegeben, weil ich einen

Käse aus dem Laden geholt und ihn angeschnitten hab ...«

»Von welchem Wein wurde getrunken?«, erkundigte sich Maigret noch.

»Von dem aus dem Geschäft ...«

»Was hatten Sie als Beleuchtung?«

»Die Petroleumlampe ... Nach dem Essen hat sich meine Mutter hingelegt, weil ihr ihr Rheuma zu schaffen machte, und mich gebeten, ihre Papiere aus der zweiten Schublade der Kommode zu holen. Sie hat mir den Schlüssel gegeben. Ich hab mich mit den Papieren zu ihr gesetzt, und wir haben die Rechnungen zusammengezählt, weil doch Monatsende war ...«

»Was war sonst noch in der Mappe?«

»Wertpapiere ... Rentenbriefe und Schuldverschreibungen, ein dickes Paket, für dreißigtausend Francs und mehr ...«

»Sie waren nicht im Schuppen? Sie haben auch die Kerze nicht angezündet?«

»Nie und nimmer ... Um halb zehn hab ich die Papiere wieder in die Schublade gelegt und bin gegangen ... Auf dem Weg durch den Laden hab ich noch einen Schluck Schnaps getrunken ... Wenn Ihnen jemand erzählt, ich hätte die zwei alten Weiber umgebracht, dann ist das gelogen ... Sie sollten besser mal den Jugo verhören ...«

Zum großen Erstaunen von Marcels Anwalt fragte Maigret nicht nach.

Yarko, den man, weil er Jugoslawe war, meistens

»den Jugo« nannte – nun, das war noch so ein seltsamer Vogel, einer, den es nach dem Krieg in diese Gegend verschlagen hatte und der allein in einem Flügel des Nachbarhauses lebte und als Holzkutscher im Wald arbeitete.

Ebenfalls ein Trunkenbold, dem die Schwestern Potru in letzter Zeit nichts mehr verkauft hatten, weil er ihnen schon zu viel Geld schuldete. Einmal hatte Marcel, der gerade zur Stelle war, es übernommen, den Jugo vor die Tür zu setzen, und ihm dabei die Nase blutig geschlagen.

Die Demoiselles Potru verabscheuten ihn umso mehr, als sie ihm einen alten Stall hinten in ihrem Hof vermietet hatten, in dem er seine Pferde unterbrachte und für den er die Miete nicht bezahlte. Zu dieser Uhrzeit war der Jugo vermutlich gerade im Wald damit beschäftigt, Baumstämme zu transportieren.

Und Maigret, seine Papiere noch in der Hand, hielt sich an seinen Plan, ging auf den Kamin zu, in dem man an dem Morgen, an dem das Verbrechen entdeckt worden war, in der Asche ein großes Küchenmesser gefunden hatte, dessen Griff vollkommen verbrannt war. Offensichtlich war das die Tatwaffe gewesen, und das Feuer hatte es unmöglich gemacht, Fingerabdrücke darauf zu erkennen.

Auf der Kommodenschublade und auf der Ledermappe waren dagegen die Fingerabdrücke Marcels – und nur seine! – sehr zahlreich gewesen.

Auf dem Kerzenhalter, den man auf dem Tisch vorgefunden hatte, waren nur die Fingerabdrücke von Amélie Potru festgestellt worden, deren eiskalter Blick Maigret immer noch folgte.

»Ich nehme an, Sie können sich noch immer nicht dazu entschließen, etwas zu sagen«, murrte er auf gut Glück, während er seine Pfeife anzündete.

Und er bückte sich, um die Blutspuren, die auf seinem Plan eingezeichnet waren, mit Kreide auf den Fußboden zu übertragen.

»Bleiben Sie noch ein paar Minuten?«, erkundigte sich Marie Lacore. »Dann könnte ich kurz nach Hause gehen und mein Abendessen auf den Herd stellen ...«

So kam es, dass der Kommissar mit der alten Frau allein im Haus blieb. Es war sein erster Besuch hier, aber zuvor hatte er einen Tag und eine Nacht lang über der Akte und dem Lageplan gebrütet. Orléans hatte so gut gearbeitet, dass er nicht auf die geringste Überraschung stieß, es sei denn auf die schmerzliche, dass er die Wirklichkeit noch widerlicher fand, als er sie sich vorgestellt hatte. Dabei war er selbst Sohn von Bauern! Er wusste, dass man in so manchem Weiler heute noch wie im 13. oder 14. Jahrhundert lebte. Aber jäh hier hineingeraten zu sein, in dieses Walddorf, in dieses Haus, in dieses Zimmer, in die Nähe dieser verletzten Frau, von der er ahnte, dass sie hellwach war, das machte ihn ebenso betroffen wie ein Besuch in gewissen Krankenhäusern oder Behindertenheimen, in denen die schlimmsten menschlichen Missbildungen versteckt werden.

Ganz am Anfang seiner Arbeit, noch in Paris, hatte er am Rand des Berichts einige Überlegungen notiert:

1. Warum sollte Marcel das Messer in den Kamin geworfen haben, ohne sich um seine Fingerabdrücke auf dem Möbelstück und auf der Dokumentenmappe zu kümmern?
2. Warum hat er die Kerze, falls er sie denn benutzt hat, ins Zimmer zurückgetragen und gelöscht?
3. Warum verlaufen die Blutspuren nicht in gerader Linie vom Bett zum Fenster?
4. Warum setzte sich Marcel der Gefahr aus, erkannt zu werden, als er um halb zehn das Haus verließ, und ging vorn hinaus statt durch die Hoftür, die aufs freie Feld führt?

Allerdings gab es etwas, was Marcels Anwalt entmutigte: Im Bett der beiden Fräulein hatte man einen Knopf von Marcels Joppe gefunden, einem alten Jagdrock aus Kordsamt, der mit unverwechselbaren Knöpfen verziert war.

»Als ich das Karnickel abgezogen hab, bin ich irgendwo hängen geblieben und hab einen Knopf verloren«, behauptete er.

Maigret, der seine Notizen noch einmal gelesen hatte, stand auf und betrachtete Amélie mit einem seltsamen Lächeln, denn es würde sie verdrießen, dass sie ihm nun nicht mehr mit den Augen folgen konnte. Er öffnete nämlich die Tür zum Schuppen, der sich als dunkler, durch eine Dachluke kaum erhellter Verschlag entpuppte, in dem er mehrere Holzstapel entdeckte und links an der Wand die bewussten Fässer.

Die ersten zwei waren voll, das eine mit Rotwein, das andere mit Weißem. Die nächsten zwei waren leer, und auf dem einen hatten die Männer vom Erkennungsdienst Wachstropfen entdeckt, die von der in der Schlafstube gefundenen Kerze stammten.

In seinem Bericht hatte der Sonderkommissar von Orléans geschrieben:

Wahrscheinlich hat Marcel diese Spuren hinterlassen, als er zum Trinken herkam ... Seine Frau gibt an, er sei vollkommen betrunken gewesen, als er zu Hause eintraf. Dafür sprechen auch die Zickzackspuren seines Fahrrads auf dem Weg ...

Maigret suchte etwas, das er jedoch nicht fand, ging in die Stube zurück, öffnete das Fenster und sah draußen nur zwei Jungen, die das Haus beobachteten.

»Hör mal, Kleiner, würdest du mir bitte eine Säge bringen?«

»Eine Holzsäge?«

Hinter ihm immer noch dieses blutleere Gesicht, diese Augen, die sich synchron mit Maigrets massiger Gestalt bewegten. Der Junge kehrte mit zwei verschieden großen Sägen zurück. Im selben Moment kam auch Marie Lacore wieder.

»Hoffentlich haben Sie nicht zu lange auf mich

warten müssen? ... Ich hab den Kleinen zu Hause gelassen ... Jetzt wird's wohl Zeit, dass ich sie versorge ...«

»Warten Sie noch ein paar Minuten ...«

»Ich setz schon mal Wasser auf ...«

Gut so! Denn das wollte Maigret wahrlich nicht miterleben. Es reichte auch so schon! Er ging erneut in den Verschlag hinein, peilte die Tonne mit den Wachstropfen an, steckte die Säge ins Spundloch und begann mit seiner Arbeit.

Er wusste, was er entdecken würde. Er war sich seiner sicher. Falls er am Morgen noch daran hatte zweifeln können, so hatte ihn die Atmosphäre des Hauses in seiner Meinung bestärkt. Und Amélie Potru war genau so, wie er sie sich vorgestellt hatte!

Schlug einem von diesen Wänden außer Geiz nicht auch Hass entgegen? Und hatte der Kommissar beim Betreten des Hauses nicht einen Stapel Zeitschriften auf dem Ladentisch bemerkt? Das war sehr wichtig, aber die Untersuchungsberichte hatten es nicht erwähnt: Die Demoiselles Potru vertrieben auch Zeitungen und Zeitschriften! Amélie besaß eine Brille, trug sie aber untertags nicht: Also brauchte sie sie zum Lesen! Also las sie ...

Und damit schwand das größte Hindernis, das sich der Theorie des Kommissars in den Weg gestellt hatte.

Eine Theorie, die auf Hass basierte, auf altem Hass, der sich angestaut hatte in langen Jahren der Zweisamkeit, des Zusammenlebens in diesem engen Haus, in den Nächten im selben Bett und in gleichen eigennützigen Interessen.

Marguerite hatte ein Kind bekommen, hatte die Liebe kennengelernt, während ihrer älteren Schwester sogar diese Freude versagt geblieben war! Fünfzehn oder zwanzig Jahre lang hatte ihnen der Bengel an den Rockschößen gehangen, und später, als er auf sich gestellt war, kam er oft wieder, immer um zu essen, zu trinken, Geld zu fordern.

Geld, das Amélie ebenso gehörte wie Marguerite! Mehr sogar, denn sie war die Ältere und arbeitete daher schon länger, um es zu verdienen! Ein Hass, den Tausende kleiner Zwischenfälle des täglichen Lebens schürten, wie etwa das Kaninchen, das für Marcel geschlachtet wurde, oder dieser Käse, der da war, um verkauft zu werden, und den er schamlos anschnitt, ohne dass sich seine Mutter ihm widersetzte ...

Ja, Amélie las die Zeitungen; sie musste wohl die Gerichtsberichte verschlungen haben, und sie kannte daher die Bedeutung der Fingerabdrücke!

Amélie hatte Angst vor ihrem Neffen. Sie nahm ihrer Schwester übel, dass sie ihm das Versteck gezeigt hatte, in dem sich ihr Geld befand, und ihm auch an diesem Abend wieder erlaubt hatte, diese Papiere anzufassen, die doch sein Begehren wecken mussten.

»Eines Tages kommt er noch und bringt uns um ...«

Maigret hätte geschworen, dass dieser Satz so manches Mal im Haus gefallen war. Er sägte immer noch.

Ihm war warm, er nahm den Hut ab und zog den Mantel aus und legte beides auf die Tonne nebenan.

Das Kaninchen ... der Käse ... Dann plötzlich dieser Gedanke, dass Marcel soeben seine Fingerabdrücke auf der Kommodenschublade und auf der grünlich verfärbten Ledermappe hinterlassen hatte ...

Falls das nicht schon genügt hätte, gab es da noch diesen Knopf, der von seiner Joppe abgegangen war und den ihm seine Mutter nicht mehr annähen konnte, weil sie bereits im Bett lag.

Denn, hätte Marcel den Mord verübt, warum sollte er dann die Mappe an Ort und Stelle geplündert haben, anstatt alles mitzunehmen? Und erst Yarko, der, wovon Maigret sich überzeugt hatte, gar nicht lesen konnte!

Amélies Verletzungen, alle auf der rechten Seite, zu zahlreich und zu oberflächlich, waren der Ausgangspunkt seiner Überlegungen gewesen ... Maigret hatte sie sich in ihrer Angst vor Schmerzen linkisch und feige vorgestellt ... Sie wollte weder sterben noch lange leiden, und sie hatte damit gerechnet, die Nachbarn zu alarmieren, wenn sie das Fenster aufmachte und schrie ...

Hätte ihr ein Mörder denn die Zeit gelassen, ans Fenster zu laufen?

Das Schicksal hatte sich einen Scherz erlaubt und sie ohnmächtig werden lassen, noch ehe ihre Schreie jemanden aufgeschreckt hatten, so dass sich die ganze Nacht niemand um sie und ihre Wunden gekümmert hatte!

Das war es! Es konnte sich nur so zugetragen haben! Sie hatte ihre halb eingeschlafene Schwester getötet, dann hatte sie, die Hand wahrscheinlich mit einem Tuch umwickelt, die Kommode aufgemacht und die Ledermappe geplündert, denn, damit man Marcel behelligte, musste das Geld verschwunden sein!

Daher die Kerze ...

Daraufhin hatte sie sich am Rand des Bettes selbst ihre Wunden beigebracht, ungeschickt und zaghaft, und war dann, was die Blutspuren bewiesen, zum Feuer gegangen und hatte das Messer in die Flammen geworfen, um die Fingerabdrücke zu beseitigen.

Danach hatte sie sich zum Fenster begeben und ...

Maigret, der sich dem Ende seiner Arbeit näherte, drehte sich mit einem Ruck um. Er hörte Stimmen und so etwas wie das Geräusch eines Kampfes. Er sah, wie sich die Tür öffnete, dann zeichnete sich im Türrahmen eine wunderliche und zugleich drohende Gestalt ab, die Gestalt von Amélie Potru, mit einem seltsamen Unterrock und einem Mieder bekleidet, Arme und Oberkörper von den Verbänden wie aufgebläht, mit starrem Blick, während hinter ihr Marie Lacore gegen diese Unvorsichtigkeit protestierte.

Maigret brachte es jedoch nicht über sich, etwas zu sagen. Er zog es vor, seine Aufgabe zu Ende zu führen, und als die Tonne schließlich auseinanderklappte, entlockte es ihm nicht einmal einen zufriedenen Seufzer, dass Papierrollen zum Vorschein kamen, die nichts anderes waren als Rentenbriefe und Eisenbahnobligationen, die durch das Spundloch hineingeschoben worden waren.

Er wäre gern auf der Stelle weggegangen oder hätte gern, wie dieser Grobian Marcel, einen tüchtigen Schluck Rum direkt aus der Flasche getrunken.

Amélie redete noch immer nicht. Ihr stand der Mund halb offen. Falls sie in Ohnmacht fiel, würde sie Marie Lacore in die Arme sinken, die nicht so kräftig und obendrein in anderen Umständen war.

Sei's drum! Das war eine Szene aus einem anderen Zeitalter, aus einer anderen Welt. Maigret nahm die Wertpapiere an sich, ging auf die Tür zu, während Amélie zurückwich, und legte die Anteilscheine schließlich auf den Tisch der Schlafstube.

»Holen Sie den Bürgermeister her …«, sagte er mit spröder Stimme – weil es ihm die Kehle zuschnürte – zu Marie Lacore. »Ich brauche ihn als Zeugen …«

Und zu Amélie:

»Und Sie gehen besser wieder ins Bett …«

Trotz seiner berufsbedingten Neugier und obwohl er eigentlich abgehärtet war, sah er ihr dabei lieber nicht zu. Er hörte nur die Sprungfedern des Bettes knarren. Er blieb mit dem Rücken zu ihr sitzen, bis ein Bauer ankam, der der Bürgermeister dieser Ortschaft war und der nicht einzutreten wagte.

Es gab im Dorf kein Telefon. Man musste einen Mann mit dem Fahrrad nach Vitry-aux-Loges schicken. Die Gendarmen trafen fast zur selben Zeit ein wie der Lieferwagen des Metzgers.

Der Himmel war immer noch genauso weiß, und der Westwind rüttelte an den Bäumen.

»Haben Sie etwas gefunden?«

Er antwortete ausweichend, ohne sich darüber zu freuen, und dennoch wusste er schon jetzt, dass dieser Fall zum Gegenstand langer Abhandlungen für die Kriminalarchive werden würde, nicht nur in Paris, sondern auch in London, Berlin, Wien und sogar in New York.

Bei seinem Anblick hätte man geschworen, er sei betrunken!

Dashiell Hammett

Der Scherz mit Eloise Morey

»Aber Herrgott noch mal, Eloise, ich liebe dich!«

»Aber Herrgott noch mal, Dudley, ich hasse dich!«

Die kalte Bösartigkeit, mit der sie ihn nachäffte, brachte ein Zittern auf seine Lippen, genau wie sie es vorausgesehen hatte, und alles Blut wich aus seinem gequälten Gesicht. Diese nicht unvertrauten und diesmal erhofften Anzeichen von Schmerz brachten sie ebenso in Wut, wie sie sie freuten. Die Überlegenheit ihrer Körpergröße nutzend - sie war vielleicht zwei Zoll größer als er –, ließ sie ihre harten, grauen Augen, Zwillingspunkte aus Stahl in einem hübschen, egoistischen Gesicht, bewusst beleidigend von der Welle kastanienbraunen Haars, das ihm in die Stirn fiel, bis zu den Spitzen seiner kleinen Schuhe wandern und dann wieder hinauf zu seinen leidenden, rotbraunen Augen.

»Was bist du eigentlich?«, fragte sie mit eiskalter Härte. »Du bist kein Mann. Bist du ein Kind? Ein Insekt? Oder was? Du weißt, dass ich dich nicht nötig habe - du wirst nie auch nur irgendetwas sein. Das hab ich doch sicher klar genug gemacht. Und trotzdem willst du mir nicht meine Freiheit geben. Ich wollte, ich hätte dich nie gesehen, hätte dich nie geheiratet – und du wärst tot!«

Ihre Stimme – normalerweise achtete sie sorgfältig darauf, sie gedämpft zu halten – ging, von ihrem Zorn getrieben, schrill nach oben.

Ihr Mann zuckte unter dem Schlag jedes verächtlichen Wortes zusammen, sagte jedoch nichts. Er war von Natur aus viel zu sensibel, um sich auch nur eine der Antworten zu gestatten, die er ihr hätte geben können. Wo ein grobschlächtigerer Mann dieser Frau mit ihren eigenen Waffen begegnet wäre und sich den Weg zum Sieg oder zumindest einer gleichen Verteilung der Punkte freigeprügelt hätte, war er hilflos. Wie immer stachelten sein Schweigen und seine Hilflosigkeit sie zu noch größeren Quälereien an.

»Ein Künstler!«, höhnte sie, indem sie all ihre Verachtung auf dieses Wort lud. »Ein Genie warst du; berühmt und reich und Gott weiß was nicht noch alles wolltest du werden! Und ich bin drauf reingefallen und hab dich geheiratet: einen saft- und kraftlosen Einfaltspinsel, der es nie zu was bringen wird. Ein Künstler! Ein Künstler, der Bilder malt, die niemand sehen will und erst recht nicht kaufen. Bilder, die angeblich empfindsam sind. Empfindsam! Schwächliche, seichte Farbklecksereien, wie der Dummkopf, der sie malt. Ein dämlicher Trottel, der Farben auf Leinwand schmiert – zu fein als Gebrauchskunst, zu edel, um irgendwas zu sein. Zwölf Jahre hast du damit zugebracht, malen zu lernen, und bringst kein Bild zustande, das sich irgendjemand auch nur zweimal ansehen möchte! Groß! Du bist jetzt groß! Ein riesengroßer Narr!«

Sie hielt inne, um sich die Wirkung ihrer Tirade zu betrachten. Sie war ihrer Zungenfertigkeit wahrlich angemessen: Dudley Morey zitterten die Knie, sein Kopf hing herab, sein verzweifelter Blick war auf den Boden gerichtet, und Tränen liefen ihm die bleichen Wangen herab.

»Hinaus!«, schrie sie. »Verlass mein Zimmer, ehe ich dich umbringe!«

Er drehte sich um und wankte durch die Tür.

Wieder allein, wütete sie mit dem gedämpften Schritt eines Panthers im Zimmer auf und ab. Ihre Lippen hatten sich von den kleinen, gleichmäßigen Zähnen zurückgezogen, die Fäuste waren geballt, die Augen glühten mit einer Intensität, die mehr ausdrückte, als es Tränen hätten tun können, die sich allerdings nie in ihnen zeigten. Fünfzehn Minuten marschierte sie auf und ab. Dann riss sie eine Schranktür auf, griff zum ersten Mantel, der ihr in die Hände kam, nach einem Hut und verließ das Zimmer, das zu klein schien, um ihre Wut zu fassen.

Das Dienstmädchen war gerade in der Diele und staubte die Balustrade ab; mit dümmlichem Erstaunen sah es auf das leidenschaftliche Gesicht seiner Herrin. Eloise ging ohne ein Wort an ihr vorbei, nahm sie kaum wahr und stieg die Treppe hinab. An der Eingangstür blieb sie plötzlich stehen. Ihr wurde bewusst, dass sie, als sie an der Tür zur Bibliothek vorbeigekommen war, gesehen hatte, dass eine Schreibtischschublade offen stand, und zwar die, in der gewöhnlich Dudleys Revolver lag. Sie ging zurück. Der Revolver war weg.

Gedankenvoll nagte sie an ihren Lippen. Dudley musste ihn an sich genommen haben. Würde er sich wirklich töten? Immer schon war er krankhaft empfindlich gewesen, und Mut besaß er genug, wenn es drauf ankam, obwohl er so ein Versager war - so ein Dummkopf, wenn er an seinen Bildern herumpfuschte. Seine Unfähigkeit, in irgendeiner Form einen Erfolg zu erzielen, war eher auf seine übergroße Empfindlichkeit als auf sonst etwas zurückzuführen; und wenn er nur heftig genug verhöhnt wurde, konnte ihn diese Empfindlichkeit ohne weiteres zur Selbstzerstörung treiben. Angenommen, so war's? Was dann? Würde sie - Aber nicht doch! Höchstwahrscheinlich würde er's irgendwie verpatzen, wie er alles bislang verpatzt hatte, und es gäbe viel unangenehme öffentliche Aufmerksamkeit.

Sie beschloss, auf der Stelle in sein Atelier zu fahren. Es war das Einzige, was sie tun konnte. Anrufen konnte sie ihn nicht, denn im Atelier gab es kein Telefon. Falls sie noch rechtzeitig hinkam, würde sie ihn aufhalten, gewiss; und vielleicht war der Versuch oder die bloße Absicht dazu zu benutzen, die Scheidung zu erreichen, die er ihr bisher stets verweigert hatte. Anwälte waren geschickt, Dinge solcher Art zum Vorteil ihrer Mandanten zu verdrehen. Und wenn sie zu spät kam -

nun ja, dann hatte sie ihr Bestes getan. Sie kannte ihren Mann zu gut, um daran zu zweifeln, dass sie ihn in seinem Atelier finden würde.

Sie ging aus dem Haus und bestieg eine Straßenbahn. Die Linie führte direkt an dem Gebäude vorbei, in dem er sein Atelier hatte.

Nachdem sie aus der Bahn gestiegen war, stellte sie fest, dass sie unwillkürlich auf das Haus zurannte. Das Atelier befand sich im dritten Stock, und Fahrstühle gab es nicht. Ihre Aufregung nahm zu, als sie die Treppe hinauflief, und sie hatte Mühe beim Atmen. Die Stufen schienen kein Ende zu nehmen. Endlich kam sie oben an und lief den Korridor entlang, der zu Dudleys Zimmer führte. Inzwischen zitterte sie, und auf ihrem Gesicht und in ihren Handflächen stand der Schweiß. Sie versuchte nicht daran zu denken, was sie wohl sehen würde, wenn sie die Tür öffnete. Sie kam zum Atelier und blieb horchend stehen. Kein Ton. Sie stieß die Tür auf.

Ihr Mann stand mitten im Zimmer unter dem Deckenfenster, mit dem Rücken zu ihr. Der rechte Arm war in einer linkischen Haltung erhoben, der Ellbogen auf einer Höhe mit der Schulter, und der Unterarm war steif zum Kopf gerichtet. Im selben Moment, als ihr die Bedeutung dieser Haltung dämmerte und sie »Dudley!« schrie, erzitterte die Luft von der Gewalt der Detonation. Dudley Morey schwankte leicht, einmal vor, einmal zurück, und dann stürzte er mit dem Gesicht nach unten auf den nackten Boden.

Langsam durchquerte Eloise den Raum. Sie fühlte sich erstaunlich ruhig, jetzt, da alles vorüber war. Neben ihrem Mann blieb sie stehen, aber sie bückte sich nicht, um seinen Körper zu berühren: Tot war er zu abstoßend. Ein Loch klaffte in der Schläfe - von einer dunklen, versengten Zone umgeben. Der Revolver war vor die Wand gefallen. Noch immer trug er Mantel und Handschuhe.

Angeekelt wandte sie sich ab; sein Anblick ließ Übelkeit in ihr aufsteigen. Sie ging zu einem Stuhl und setzte sich.

Nun war alles vorüber.

Vor sich auf dem Tisch sah sie einen Umschlag liegen, der in Dudleys winziger Handschrift an sie adressiert war. Sie riss ihn auf.

»Liebe Eloise, Du hast wohl recht damit, dass ich ein Versager bin. Ich kann nicht ohne Dich sein, solange ich lebe - und so tue ich für Dich das Beste, was mir möglich ist. Zwischen Deinem Verlust und der Aussichtslosigkeit, in meinen Bildern jemals zu finden, was ich suche, fällt mir ohnehin nichts ein, wofür zu leben sich lohnte. Halte mich nicht für verbittert und denke nicht, dass ich Dir an irgendetwas die Schuld gebe.

Ich liebe Dich,

Dudley.«

Sie las den Brief zweimal, das Gesicht vor Ärger gerötet. Das sah Dudley ähnlich, dass er diesen Brief hinterließ, um ihr die Schuld an seinem Tod anzuhängen!

Warum hatte er nicht ein bisschen Fürsorge, ein bisschen Rücksicht auf ihre Lage walten lassen? Ein Glück, dass sie den Brief gefunden hatte. Was für eine Vorstellung hätte er jedem anderen vermittelt! Und außerdem wäre er in die Zeitungen gekommen. Als wenn sie für seinen Tod verantwortlich wäre!

Sie trat an den altmodischen offenen Kamin, in dem ein kleines Feuer brannte, und warf den Brief hinein. Dann fiel ihr der Umschlag ein, und sie warf auch ihn in die Flammen.

Mehrere Männer und eine alte Frau – offenbar eine Putzfrau – waren an der Tür und warfen neugierige Blicke von dem Mann am Boden zu der Frau dahinter. Sie drängten sich in den Raum, wurden dreister und umringten Dudleys Leiche. Einige von ihnen nannten seinen Namen. Ein Mann, den Eloise kannte – Harker, ein Illustrator und Freund ihres Mannes –, kam herein, jagte die um den Toten versammelte Gruppe wütend hinaus und kniete neben ihm nieder. Harker blickte auf, und erst jetzt sah er Eloise. Er erhob sich, nahm sie mit sanfter Gewalt am Arm und führte sie eine Etage tiefer in sein Atelier. Er ließ sie sich auf die Couch legen, breitete eine Decke über sie und ging wieder hinaus. Ein paar Minuten später kam er zurück, setzte sich schweigend in einen Sessel auf der anderen Seite des Raums, saugte an einer Kalebassenpfeife und starrte auf den Boden. Sie setzte sich auf, aber er wollte sie nicht über ihren Mann sprechen lassen, wofür sie ihm dankbar war.

Jemand klopfte an die Tür, und Harker rief: »Herein!«

Ein massiger Mann mittleren Alters mit gerötetem Gesicht und einem streitbaren schwarzen Schnurrbart trat ein. Er schien es nicht für nötig zu halten, den Hut abzunehmen, aber auf seine gleichmütige Art war sein Verhalten einigermaßen höflich. Er stellte sich als Detective Sergeant Murray vor und befragte Eloise.

Sie erzählte ihm, dass ihr Gatte sich mit dem mangelnden Erfolg seiner Malerei sehr herumgequält habe; dass er ihr an diesem Morgen besonders erregt erschienen sei; dass sie, nachdem er das Haus verlassen hätte, festgestellt habe, dass sein Revolver fehlte; dass sie, das Schlimmste befürchtend, zu seinem Atelier gefahren und genau in dem Moment hereingekommen sei, als er sich erschoss.

Der Detective stellte ihr in seinem gleichgültigen, doch nicht unfreundlichen Ton weitere Fragen. Sie antwortete alles in allem ziemlich wahrheitsgemäß, wenn sie auch hier und da eher weniger als die ganze Wahrheit sagte. Murray äußerte sich nicht weiter dazu und richtete dann seine Aufmerksamkeit auf Harker.

Harker hatte den Schuss gehört, war aber zu sehr in seine Arbeit vertieft gewesen, um ihm sofort Bedeutung zu schenken. Dann hatte ihn der Gedanke beschlichen, das Geräusch, das von irgendeinem umstürzenden Gegenstand stammen mochte, sei aus der Nähe von Moreys Atelier gekommen, und er war hinaufgegangen, um mal nachzusehen. Er sagte, Morey habe in letzter Zeit immer bekümmerter gewirkt, aber nie über sich oder seine Angelegenheiten gesprochen.

Murray verließ das Zimmer und kehrte wenig später in Begleitung eines Mannes zurück, den er als »Byerly vom Büro« vorstellte.

»Sie müssen sich leider ins Präsidium begeben, Mrs. Morey«, sagte Murray mit einer missbilligenden Handbewegung. »Byerly wird Ihnen zeigen, was Sie zu tun haben. Eine reine Formalität. Dauert nur ein paar Minuten.«

Zusammen mit Byerly verließ Eloise das Haus. Als Byerly zu der Ecke wollte, an der die Straßenbahn vorbeikam, schlug sie ein Taxi vor. Er telefonierte von der Eckdrogerie aus, und ein paar Minuten später stiegen sie die grauen Stufen zur City Hall hinauf. Byerly führte sie durch eine Tür, an der »Raubdezernat« stand, und ließ sie auf einem Stuhl Platz nehmen.

»Warten Sie bitte ein paar Minuten«, sagte er.

Die Zeit schleppte sich dahin. Eine halbe Stunde. Eine Stunde. Zwei Stunden.

Die Tür ging auf, und Murray kam herein, gefolgt von Byerly und einem kleinen Dicken, über dessen ausgedehnten Skalp eine spärliche Handvoll weißer Haare verteilt war. Byerly nannte den Dicken »Chef«, als er für ihn einen Stuhl heranzog. Der Dicke und Byerly saßen Eloise gegenüber. Murray setzte sich auf einen Schreibtisch.

»Haben Sie uns irgendetwas zu sagen?«, fragte Murray obenhin.

Ihre Augenbrauen zogen sich in die Höhe. »Entschuldigung?«

»Na schön«, sagte Murray ohne jede Gefühlsbewegung. »Eloise Morey, Sie sind verhaftet wegen Mordes an Ihrem Mann, und alles, was Sie sagen, kann gegen Sie verwendet werden.«

»Mord?«, rief sie, aus ihrer Gelassenheit aufgeschreckt.

»Genau«, sagte Murray.

Etwas von ihrer Sicherheit kam wieder. Sie wollte lachen, doch stattdessen sagte sie hochmütig: »Aber das ist doch lächerlich!«

Murray beugte sich vor.

»Tatsächlich?«, fragte er ungerührt. »Hören Sie zu. Das Verhältnis zwischen Ihnen und Ihrem Mann war seit einiger Zeit nicht gut. Heute Morgen hatten Sie Krach. Sie sagten, Sie wollten, er wäre tot, und Sie haben ihn bedroht. Ihr Dienstmädchen hat Sie gehört. Nachdem er dann das Haus verlassen hatte, sah das Mädchen Sie völlig aufgewühlt hinauseilen, und sie sah Sie an die Schublade gehen, in der immer die Pistole lag. Und sie guckte hinein, nachdem Sie weg waren, und da war keine Pistole mehr. Zwei Leute haben Sie ziemlich wütend zum Atelier Ihres Mannes hinaufgehen sehen, und sie hörten eine Frauenstimme – eine zornige Stimme – kurz vor dem Schuss. Und Sie geben ja selbst zu, dass Sie im Raum waren, als Ihr Mann starb. Was sagen Sie jetzt? Immer noch lächerlich?«

Sie hatte das Gefühl, ein schweres Netz lege sich über sie.

»Aber man bringt sich doch nicht gleich jedes Mal um, wenn man einen kleinen Familienkrach hat – selbst wenn alles stimmt, was Sie sagen. Mord braucht doch wohl einen stärkeren Beweggrund als so etwas, hab ich nicht recht? Ich hab Ihnen ja erzählt, dass ich feststellte, dass der Revolver weg war, und rechtzeitig zu seinem Atelier zu kommen versuchte, um ihn zu retten, nicht wahr?«

Murray schüttelte den Kopf.

»Oh, den starken Beweggrund habe ich schon entdeckt, Mrs. Eloise Morey. Ich habe in Ihrem Zimmer einen Stapel glühender Liebesbriefe gefunden, die mit ›Joe‹ unterschrieben sind, und einer davon trägt das Datum von gestern. Und ich weiß, dass Ihr Mann gegen eine Scheidung war. Und ich weiß auch, dass er 'ne ganz hübsche Lebensversicherung und Einkünfte von drei- oder viertausend pro Jahr hatte, die Sie erben sollten. Ich habe genügend Motive beisammen.«

Eloise bemühte sich, ihr Gesicht ruhig zu halten – alles hing offenbar davon ab –, aber das bedrohliche Netz schien ihr immer enger zu werden, und nun war es schon nicht mehr so sehr ein Netz als vielmehr eine große schwelende Decke. Sie schloss einen Moment die Augen, aber so war dem allen nicht zu entkommen. Wut brannte in ihr. Sie stand auf, und ihre Augen starrten zornig in die drei wachsamen, ungerührt selbstgefälligen Gesichter vor ihr.

»Ihr Dummköpfe!«, schrie sie. »Ihr –«

Sie erinnerte sich an den Brief, den Dudley hinterlassen hatte, den Brief, der unmissverständlich die Wahrheit verkündet hätte, den Brief, der sie im Handumdrehen entlastet hätte, den Brief, den sie im Kamin verbrannt hatte.

Sie schwankte, Tränen der Verzweiflung stiegen ihr in die harten, grauen Augen. Detective Sergeant Murray erhob sich und fing sie auf, als sie fiel.

Franz Hessel

Am Kamin

Als ich zum ersten Mal nach Paris kam – ach, das ist lange her –, da gab es in den kleinen Hotels und Pensionen noch keine Zentralheizung, sondern Kamine. Der Hausknecht, der mir das erste Feuer ansteckte, sagte, als er sich von seinem prasselnden Werk erhob: »Ein gutes Feuer, das ist Gesellschaft im Winter.« Diese liebenswürdige und glückliche Wendung bewunderte ich sehr. Bald aber, nachdem er mich verlassen hatte, ging sein Feuer aus, und nun lernte ich selbst Kaminheizen. Es dauerte jahrelang, bis ich es darin zu einiger Fertigkeit brachte. Ratschläge Erfahrener verschmähte ich und hatte meine eigene Art, das Feuer zu besprechen, zu überreden, zu beschwören. Es war eine abendfüllende Beschäftigung. An manchen kalten Abenden tat ich eigentlich nichts als heizen. An der dem Kamin zugewandten Seite wurde mir ziemlich warm. Es war ein altertümliches Vergnügen, man konnte dabei an Lagerfeuer, Brand Roms und dergleichen denken. Manche Kamine, die ich erlebte, hatten ein Schutzblech zum Hinaufziehn und Herunterlassen. Das nannte sich *rideau*, Vorhang. Bei einem machte ich öfters das *Lever du rideau* jugendlich rücksichtslos mit dem Fuß. Das bekam dem *rideau* nicht. Er wollte schließlich nicht mehr ganz hoch gehn. Er rutschte immer. Ich ließ einen Fachmann kommen. Nach vierzehn Tagen kam er wirklich. Er arbeitete ein wenig an den betreffenden Stellen. Dann hob er meinen Vorhang sachte hoch, sah sich nach mir um und sagte ermahnend: »Sie müssen ihn behandeln wie eine Braut« (*comme une nouvelle mariée*, sagte er). Wieder bewunderte ich die reichen Ausdrucksmöglichkeiten eines begabten Volkes. Von nun ab behandelte ich meinen Vorhang zarter. Das Feuer brannte immer gastlicher, und schließlich saß sogar ein freundliches Mädchen davor, das viel geschickter und hübscher heizte als ich – ach, das ist lange her. Sie hatte so glückliche Einfälle. Wenn sie sich auf der einen Seite gewärmt hatte, drehte sie sich um und kehrte dem Kamin die andere zu. Das war reizend anzusehn, auch für ihn. Und so ein praktischer Einfall. Ich wäre nie darauf gekommen. Diese freundliche Pariserin wusste nicht viel von meinem deutschen Vaterland. Es war ja auch lange, bevor die Völker sich durch den Weltkrieg wieder menschlich näherkamen. Sie stellte seltsame Fragen; ich konnte nicht anders, ich musste ihr manches einreden; und wenn es warm war an unserm Kamin, wurde sie oft sehr leichtgläubig. Ob die deutschen Frauen wirklich alle so groß und dick wären, fragte sie einmal. – Ja, ganz gewaltig. – Ob sie wirklich so viele Kinder bekämen? – Ja, sehr viele und oft, und sie nährten sie sehr lange. – Wie lange denn? – Das sei verschieden. Oft bis sie ganz erwachsen seien. Sie hockte gerade mit der Kehrseite vor dem Weltbrand und glaubte. – Früher, fuhr ich fort, sei ich deshalb jedes Jahr einmal zu meiner Mutter heimgefahren. Sie nickte und sagte: *»C'est curieux.«*

Das sagen Franzosen meistens, wenn man ihnen von den Sitten fremder Völker erzählt. Aber jetzt wissen sie besser mit uns Bescheid. Die Mädchen glauben einem nicht mehr alles. Es gibt auch in den kleinen Hotels Zentralheizung. Wo ich jetzt wohne, ist Zentralheizung, aber außerdem noch von früher her ein Kamin. Der ist sozusagen zum Vergnügen da. Ich verbrenne allerlei darin, nicht nur Briefe und Rechnungen, nein, auch schwerer Verbrennliches, Blechdosen, leere Tintenfässer, verbrauchte Glühbirnen. Das gibt Gesellschaft im Winter. Und diesen Kamin brauche ich auch nicht so vorsichtig zu behandeln. Statt eines Blechvorhangs hat er ein nach beiden Seiten aufklappbares Gitter. Aber niemand wärmt sich davor, weder von der einen noch von der andern Seite.

Dieter Lenzen

Batterien im Kamin

Sie hatte mehrere Wochen daran gearbeitet. Alles vorbereitet für diesen Tag. Es war Winter. Ihre Vorbereitungen waren unbemerkt geblieben. Trotzdem hatte sie die Demontage der Wegweiser für den letzten Tag vor seinem Besuch aufbewahrt. Falls es doch jemand bemerken sollte, obwohl das, mitten im Februar, hier in den Bergen eher unwahrscheinlich war. Sie war schon manchen Winter hier oben gewesen und hatte selbst in dem alten Schnee, der schon wochenlang lag, keine Fußspuren gefunden. Deswegen konnte sie damit rechnen, dass selbst zwanzig, dreißig Kilometer entfernt aufgestellte Schilder niemand vermissen würde, weil niemand hierherkam an den See, der auch im Winter nicht zufror, weil eine warme Quelle ihn speiste. Deswegen hatte sie auch das Ruderboot kurzerhand versenkt, so dass ein Fluchtweg über das Wasser ausgeschlossen war. Mit ihrem Jeep hatte sie in den Schnee auf etlichen langen Holzwegen immer neue Spuren gefahren, damit es so aussah, als ob täglich Fahrzeuge zur Berghütte hinauffahren würden, wohin sie Frank eingeladen hatte. »Für die Feiertage, bis zum Neujahr vielleicht?«

Aufwendig war die Anfertigung neuer Schilder gewesen, die auf eine Bahnstation verwiesen, welche aber nicht existierte, und auf zwei Bergdörfer. Damit er bei einer Flucht keinen Unterschlupf in einer der beiden kleinen Hütten im Umkreis von fünf Kilometern finden konnte, hatte sie diese angezündet und so weit niedergebrannt, dass sie unbewohnbar waren. Sie hatte dafür gesorgt, dass alle Langlaufskier und sogar der kleine Schlitten aus ihrem Haus verschwanden, damit er nicht ein Hilfsmittel besäße, falls er dachte, er könnte zu Fuß flüchten.

Das war alles sehr einfach gewesen, wenngleich es Kraft kostete, die sie eigentlich nicht besaß, denn sie war angestrengt von den zurückliegenden Monaten, mehr psychisch allerdings als physisch. Andererseits hatte diese Anstrengung ihren Willen gestärkt, so dass die zahlreichen Vorbereitungen ihr letztlich leichtfielen. Schwierig, so dachte Alice, könnte es mit seinem Geländewagen werden. Ihren eigenen hatte sie schon fahrunfähig gemacht. Eine Tüte Zucker im Tank und dann versucht zu zünden. Das hatte sie in ihrer Kindheit von den Jungen gehört, und es funktionierte. Der Motor gab schon nach kurzer Zeit auf und war nicht mehr zu starten.

Für seinen Wagen hatte sie einen Kanister Benzin bereitgestellt. Sie wollte ihn einfach in Brand setzen.

Weihnachten kam, und am Nachmittag gegen 15 Uhr hörte sie das Geräusch vom Motor seines Autos. Er fuhr vor, nahm seine Reisetasche aus dem Heck und betrat den unteren Raum der Hütte. Frank lachte über das ganze Gesicht, als er sie sah, und sie bemühte sich, ihre Erregung zu unterdrücken. Sie machte sich an einer Flasche Wein zu schaffen, ließ sich flüchtig auf die Wange küssen und bereitete ein Brett mit Käsestückchen und ein paar kleinen Oliven vor.

Sie nahmen vor dem Feuer Platz und sprachen über das Versicherungsbüro, für das sie beide arbeiteten, Frank in Vancouver und Alice in Quebec. Sie trafen sich selten. Er bat sie oft, doch mehr Zeit für ihn zu haben, und wollte sich öfter in einer der Städte mit ihr treffen, aber das wäre ihr zu viel gewesen. Sie hatte ihm das auch immer wieder gesagt, und jedes Mal war er enttäuscht. Darum war er nun ganz heiter, als er die Hütte betreten hatte – mehr als eine Woche mit ihr allein, hier oben. Hier konnte sie ihm nicht ausweichen; alles würden sie gemeinsam machen.

Es dauerte nicht lange, bis ihm Zweifel an seiner Zuversicht kamen. Alice begann, kaum dass Frank von dem Käse gegessen hatte, ihre Beziehung zu thematisieren. »Es wäre besser gewesen, wenn wir auf diese Reise verzichtet hätten«, eröffnete sie das Gespräch, während Frank sich selbst und ihr Rotwein einschenkte und mit der Gabel nach einer Olive griff. – »Ich weiß gar nicht, wie ich das aushalten soll, eine Woche hier. Ich habe versucht, dich noch im Büro anzurufen, aber du warst schon losgefahren. Ich wollte dir sagen: ›Bleib, wo du bist.‹ Hier gibt es nichts mehr zu tun.« – »Zu tun?« Frank machte ein fragendes Gesicht. »Ich bin nicht gekommen, um zu arbeiten, sondern um die Tage mit dir zu genießen.« – »Das meine ich ja.«

Alice nahm einen kleinen Schluck aus ihrem Glas. »An unserer Beziehung gibt es nichts mehr zu arbeiten. Man müsste sie umformen, aber ich weiß auch nicht, wie. Am besten ist es, wenn du morgen gleich wieder zurückfährst. Die Nacht kannst du bleiben. Um acht ist es hell, dann findest du auch den Weg. Ich gebe dir noch eine Decke, dann kannst du auf dem Sofa hier schlafen. Ich gehe nach oben. Du musst mich nicht wecken. Fahr einfach los. Wir sehen uns dann ja bestimmt im neuen Jahr wieder.« Frank schwieg. Das schien ihm das Beste zu sein. Früher hatte er bei solchen Äußerungen problematisiert, gekämpft, widersprochen. Jetzt wollte er einfach, dass etwas geschah. Sie schwiegen eine Weile, nahmen ab und zu einen Schluck Wein aus ihren Gläsern und schauten in das offene Feuer. Irgendwann griff Alice Frank zwischen die Beine, stimulierte ihn, und sie schliefen miteinander auf dem Sofa, das zu seiner Übernachtung dienen sollte. Danach nahm Alice ihr Weinglas, verabschiedete sich und ging nach oben. Frank starrte in den Kamin. Alice warf eine Decke über die Brüstung und sagte noch einmal »Gute Nacht!«. Frank leerte die Flasche, die noch halb voll war, und schlief, ermüdet von der Hitze des Feuers und dem Rotwein, sofort ein. Es gab einen lauten Knall, der ihn weckte und aufspringen ließ. Draußen war es hell. Etwas brannte vor dem Haus. Als er, halb bekleidet, hinauslief, sah er, dass es sein Auto war. Er lief zurück ins

Haus und rief nach Alice, aber sie gab keine Antwort. Er stürzte die Treppe hinauf. Ihr Schlafzimmer war leer, das Bett unbenutzt. Frank lief zurück nach unten, zog sich Hose, Hemd, Pullover und Schneejacke an und sprang in seine Fellstiefel, um Alice draußen suchen zu können. Dort rief er erneut, etliche Male, aber in den ging seine Stimme unter.

Er sah Fußspuren im Schnee, die in den Wald führten, und befürchtete das Schlimmste. Frank suchte in der Küche nach ihrem Wagenschlüssel, um den Spuren folgen zu können und sie zu finden, nach Hause zu bringen. Er fand sie in der Besteckschublade und saß schon in ihrem Jeep, aber es gelang ihm nicht, ihn zu starten. Also entschloss er sich, nach einer Lampe zu suchen, um den Spuren im Schnee zu Fuß folgen zu können. Er fand eine leidlich geladene Akku-Lampe mit einem Band, so dass er sie um seinen Hals hängen konnte. Frank lief in westlicher Richtung, wohin die Fußspuren führten. Nach zwanzig Minuten gelangte er an eine Weggabelung. Ein Schild wies in die Richtung einer Bahnstation, das andere hinunter zum See. Rad- und Fußspuren gab es auf beiden Wegen. Frank entschloss sich, zuerst hinunter zum See zu laufen. Nachdem er eine Viertelstunde diesem Weg gefolgt war, endete er mitten im Wald. Die Fußspuren zeigten wieder zurück in die Richtung, aus der er gekommen war.

Die Angst macht uns blind zu sehen, dass Spuren auch zurückführen, dachte er und kehrte zurück zu der Weggabelung, um von dort in Richtung Bahnhof zu laufen. Erst nach dreißig Minuten gelangte er an das Ende des Weges und sah hier das Gleiche: Die Spuren führten zurück, ihm entgegen. Als er das wahrgenommen hatte, erlosch seine Lampe vollends, die er immer nur für wenige Sekunden eingeschaltet hatte, um den Weg nicht zu verfehlen und um zu sehen, ob Alice oder die Person, welche die Spuren hinterlassen hatte, vielleicht vom Weg abgewichen war.

Frank entschloss sich, zurückzugehen zur Hütte und dort auf den Tagesanbruch zu warten. Als er ankam, sah er, dass sein Auto nicht mehr brannte, sondern nur noch glühte. Der Tank war explodiert, und viele Teile des Autos lagen verstreut in einem Radius von sicher fünfzig Metern umher. Wenn Alice in dem Augenblick zurückgekommen war, als der Tank in die Luft flog? Frank ging in die Hütte. Weil das Feuer im Kamin nicht mehr brannte, war es dunkel. Er holte ein paar Holzscheite, legte sie auf die Glutreste und blies hinein, um das Feuer wieder zu entfachen. Nach ein paar Minuten fingen die Scheite an zu brennen, und es wurde wieder heller und wärmer. Frank holte noch einen Armvoll Holz von draußen und stellte fest, dass es heftig zu schneien begonnen hatte. Er warf die Scheite dicht neben den Kamin und legte sich direkt davor, um sich zu wärmen und um, ohne aufzustehen, neues Holz auf das Feuer werfen zu können. Erschöpft schlief er ein. Als er erwachte und auf die Uhr sah, war es bereits Mittag, aber sehr dunkel draußen. Es hatte die ganze Zeit weiter geschneit. Die Eingangstür ließ sich nicht öffnen, weil eine Schneewehe sie versperrt hatte. Frank verspürte Hunger und entschied sich, in die Küche zu gehen, etwas zu essen und dann erneut nach Alice zu suchen.

Als er auf die Küche zuging, hörte er Geräusche. Er ging leise hinzu, drückte vorsichtig die Türklinke hinunter und öffnete mit einem schnellen Schub seines linken Arms die Tür, gefasst darauf, in eine Auseinandersetzung mit einem Fremden zu geraten. Am Küchentisch, im Pyjama, saß Alice, aß ein dunkles Brot mit Sirup und schaute aus dem Fenster. Sie drehte sich nicht um zu Frank, als er den Raum betrat. »Ich dachte, du wärest weg«, sagte sie ohne hörbare Teilnahme an dem Geschehen. Und Frank: »Ich dachte, auch du wärest weg. – Entführt, verlaufen oder sonst was. Ich dachte, ich hätte dich für immer verloren.« Frank sank auf den zweiten Küchenstuhl und stieß einen langen Seufzer hervor. »Ich dachte, ich wäre dich endlich los – für immer«, antwortete Alice. Und Frank: »Warum bist du weggelaufen?« – »Ich war doch immer hier«, sagte Alice. »Ich dachte, ich bin dich endlich los«, wiederholte sie, als Frank nichts sagte. »Ich wollte dich zurückholen, und du warst hier. Ich war verrückt vor Angst, dich verloren zu haben.« Alice schaute ihm jetzt in die Augen: »Ich hatte Angst, dich nicht verlieren zu können.« Frank verstand nicht, was sie damit meinte, und schaute sie etwas ratlos an. – »Alle Angst dreht sich immer um den Verlust«, sagte er und schaute aus dem Fenster auf das anhaltend dichte Schneetreiben. Ihm wurde mit einem Male klar, dass sie die Hütte vorläufig nicht würden verlassen können. Nicht bevor es aufhörte zu schneien und auch dann wahrscheinlich nicht, weil der Weg schon jetzt mit mehr als einem halben Meter Neuschnee bedeckt war. Frank spürte Furcht davor, die weiteren Ereignisse nicht selbst bestimmen zu können. Er beschloss, noch einmal in die Garage zu gehen und zu versuchen, ihr Auto erneut zu starten. Als er die Garage betrat, entdeckte er in der linken Ecke etwas, was er gestern in der Eile nicht bemerkt hatte: fünf oder sechs alte Wegschilder, die Aufschriften mit verschiedenen Ortsnamen trugen. Frank drehte sich um, er wollte in das Haus zurückgehen, um Alice zur Rede zu stellen. Da stand sie schon hinter ihm und sagte: »Ich fürchte, ich weiß nicht mehr, wo diese Schilder standen.«

Sie liebten sich schnell und heftig, an ihren alten Jeep gelehnt. Auf dem Weg zurück ins Haus griffen sie beide so viele Holzscheite, wie sie tragen konnten. Zurück in der Hütte vernahmen sie eine Männerstimme aus einem Funkgerät in der Küche. Frank hatte gar nicht bemerkt, dass Alice es mitgebracht hatte.

»Frank, seid ihr in Ordnung? Wir holen euch da raus, sobald es aufgehört hat zu schneien.«

Frank öffnete wortlos den Boden des Geräts und nahm die Batterien heraus. Er gab sie Alice, die damit in den Wohnraum ging, sie in den Kamin warf, wo sie nach ein paar Minuten mit einem lauten Knall zerplatzten.

Tobias Wolff

Kaminfeuer

Meine Mutter hatte mir geschworen, wir würden nie wieder in eine Pension ziehen, aber aus finanziellen Gründen konnte sie ihr Versprechen nicht halten. Sie beschloss, in eine andere Stadt zu ziehen; wir mussten schließlich irgendwo schlafen. Die neue Pension war schlimmer als die alte, unfreundlich, trübselig, und der unverkennbare Geruch mutloser Menschen hatte sich im ganzen Haus eingenistet. Im Stockwerk unter uns hustete sich ein pensionierter Handelsmatrose die Lungen aus dem Hals. Er war ein netter alter Mann, der meiner Mutter immer Komplimente machte, wenn wir an dem düsteren Zimmer vorbeikamen, wo er rauchend auf dem Bettrand saß. Tagsüber hatten wir Mitleid mit ihm, aber wenn wir nachts wach lagen, auf den nächsten quälenden Hustenanfall warteten und spürten, wie die Stille anschwoll, hassten wir ihn. Jedenfalls hasste ich ihn.

Meine Mutter sagte, es wäre nur für kurze Zeit. Wir würden definitiv ausziehen. Um mir und vielleicht auch sich selbst zu demonstrieren, dass sie es ernst meinte, sah sie jeden Samstagmorgen beim Frühstück die Zeitung durch und kreiste die Anzeigen für möblierte Wohnungen ein, die, wie sie sagte, unseren Bedürfnissen entsprachen. Mir gefiel diese Formulierung. Sie gab mir das Gefühl, unsere Bedürfnisse hätten in der Welt auch etwas zu sagen, und mit uns wäre nicht zu spaßen. Dann setzte meine Mutter ihr scharfsinniges Gesicht auf, verglich die Mieten und strich die teuersten und die billigsten Wohnungen. Bei letzteren war es immer dieselbe Leier, der Kühlschrank zu klein und die Wände zu feucht, die Wanne brach durch den Badezimmerboden, und über einem hauste jemand, der seine Frau schlug. Hatten wir alles schon erlebt. Wenn meine Mutter die Liste auf fünf oder sechs Wohnungen zusammengestrichen hatte, rief sie alle an, um sicherzugehen, dass sie noch frei waren, und den Rest des Tages verbrachten wir mit Besichtigungen.

Wir hätten noch gar keine Wohnung mieten können. Die Vermieter verlangten normalerweise zwei Monatsmieten Kaution sowie eine Vorauszahlung der Reinigungskosten, und es würde noch einige Zeit dauern, bis meine Mutter das alles aufbringen konnte. Das war mir bekannt, trotzdem wiederholte meine Mutter es jeden Samstag, damit ich mich nicht von der Begeisterung hinreißen ließ. Wir machten bloß Besichtigungen. Entwickelten eine Nase für den Markt.

Der Kauf von Gütern und Dienstleistungen macht Spaß. Heute genieße ich es, wenn ich die Rolle des Mannes übernehmen kann, der weiß, was er will, und genau das mit nach Hause nimmt.

Aber damals war ich schon glücklich, wenn ich mir die Dinge nur anschauen durfte. Das war auch gut so, denn anschauen konnten wir uns jede Menge, kaufen konnten wir uns nichts.

Meine Mutter gehörte nicht zu den Schnäppchenjägern, die als Erstes aufs Preisschild losgehen, die Köpfe schütteln und sich bei den Umstehenden über die Preiserhöhungen beklagen. Sie brachte kaum Interesse für Preise auf. Sie brachte ja auch kein Geld auf, aber das war es nicht allein. Sie ging gern einkaufen, weil sie sich in den Geschäften zu Hause fühlte und weil Waren sie interessierten. Die Verkäufer bedienten sie mit großer Geduld, weil sie sahen, dass ihre Neugier nichts Böswilliges oder Banales hatte, sondern sie auf Trab hielt und forderte. Sie musste einfach sehen, was es alles gab.

Wir waren schon immer einkaufen gegangen, aber im ersten Herbst in Seattle, als wir dem Bankrott näher waren als je zuvor, kamen wir so richtig in Fahrt. Wir sahen uns Lederkoffer an. Wir sahen uns Fernsehgeräte in großen Edelholztruhen an. Wir sahen uns Antiquitäten und Perserteppiche an. Perserteppiche sieht man sich nicht zum Spaß an, denn ihre Verkäufer müssen hart arbeiten, die Teppiche von hohen, schwankenden Stapeln herunterzerren und zu einem schleppen, sie schwitzen, keuchen und stolpern unter ihrer Last, und die Fusseln bleiben ihnen im Gesicht hängen. Meistens sind es kleine Männer. Da darf man nicht zartbesaitet sein. Man darf sich nicht schämen, sondern muss auf sein Recht pochen, sich anzuschauen, was man sich nicht leisten kann. Und daran hielten wir uns.

Als die Herbstkollektionen in die Geschäfte kamen, probierte meine Mutter sie an, und ich sah zu. Sie hatte mal als Mannequin gearbeitet und wusste, wie man vor dem Spiegel posierte, lässig davonschlenderte, plötzlich stehen blieb, eine Hüfte ausstellte und einen Blick über die Schulter warf, als wäre man gerade gerufen worden. Wenn sie sich zu mir umdrehte, gab ich lächelnd, achselzuckend oder mit mürrischem Kopfschütteln mein Urteil ab. Ich fand sie in jeder Bekleidung wunderschön, fühlte mich aber verpflichtet, Unterschiede zu machen. Zu viel Bewunderung mochte sie nicht. Das erstickte sie.

Wir sahen uns Kupferkochtöpfe an. Wir sahen uns Gartenmöbel und Esszimmergarnituren aus Hickory an. Wir verbrachten den ganzen Tag in einem Jachthafen und studierten das Mobiliar einer pleitegegangenen Chris-Craft-Filiale. *Alles zum Schleuderpreis*, hieß es. Es war der einzige Ausverkauf, den wir je eines Blickes würdigten.

Meine Mutter trug bei der Wohnungsjagd ein schickes graues Kostüm. Ich trug meinen Kleiner-Gentleman-Anzug, einen Pullover mit V-Ausschnitt und Fliege. Vorn auf den Pullover war *Fraternity Row* gestickt. Wir sahen respektabel aus, und im Großen und Ganzen waren wir das ja auch. Außerdem sahen wir zahlungsfähig aus.

An einem bestimmten Tag klapperten wir Wohnungen im Universitätsviertel ab. Die ersten drei waren ganz annehmbar, aber die vierte war ein Trümmerhaufen – die letzte Mieterin musste dort wie ein Tier in seinem Bau gehaust haben. Jemand hatte hinterher ausgemistet und geputzt, aber es war vergebliche Liebesmüh. Selbst bei offenen Fenstern und Durchzug roch die ganze Wohnung nach verfaultem Fleisch. Alles fühlte sich klebrig an. Der Vermieter sagte, die Frau hätte wegen ihrer gescheiterten Ehe Depressionen gehabt. Am Anfang schwang er noch große Reden, sprach von Malerarbeiten und neu zu verlegenden Teppichen, aber er wirkte resigniert und verstummte bald. Wir liefen zu dritt durch die Zimmer und dann wieder ins Freie. Der Vermieter wusste genau, dass wir nicht angebissen hatten, und bot uns nicht einmal seine Visitenkarte an.

Wir hatten noch eine Wohnung auf unserer Liste, aber meine Mutter hatte die Nase voll. Sie fragte, ob ich Lust hätte, zum Kai runterzugehen, oder ob ich nach Hause oder sonst wohin wollte. Ihr Mund war verkniffen, ihr Gesicht verkrampft. Sie bemühte sich um Freundlichkeit, hatte aber schlechte Laune.

Ich wollte noch nicht in unsere Pension und auf unser Zimmer zurück und fragte, ob wir nicht ein bisschen über den Uni-Campus laufen könnten.

Sie sah die Straße hoch. Ich rechnete mit einem Nein. »Klar«, sagte sie. »Warum nicht? Wenn wir schon mal da sind.«

Wir gingen los. Der Bürgersteig wurde von Ahornbäumen gesäumt, und die Windstöße wirbelten uns das trockene Laub um die Beine.

»Lass dich bloß *niemals* so gehen«, sagte meine Mutter, schlang die Arme um den Körper und sah zu Boden. »Das ist unverzeihlich.« Sie klang tödlich beleidigt. Ich wusste, dass ich nichts angestellt hatte, und schwieg. Sie sagte: »Egal was passiert, es gibt keine Entschuldigung, dermaßen aufzugeben. Hast du verstanden?«

»Ja, Ma'am.«

Eine Gruppe Chinesen schloss zu uns auf, zehn oder zwölf angeregt ins Gespräch vertiefte junge Männer. Sie teilten sich auf unserer Höhe, redeten weiter, und vor uns vereinigten sie sich wieder wie Wasser, das um einen Stein herumfließt. Wir folgten ihnen bis zur Universität und liefen zwischen den Gebäuden umher, bis die Dämmerung anbrach und der Wind schärfer wurde. Es war der erste richtig kalte Tag seit unserem Umzug, und ich war zu dünn angezogen. Aber ich sagte nichts, weil ich immer noch nicht nach Hause wollte. Ich war nie auf dem Campus gewesen und verglich ihn eifrig mit meiner Idealvorstellung. Alles war, wie es sein sollte. Alt aussehende Gebäude mit steinernen Torbögen und hohen Bogenfenstern. Üppige Rasenflächen. Efeu. Die Efeublätter waren rot verfärbt. In der letzten Abendsonne leuchteten sie oben an den Westmauern auf, wenn der Wind durch sie hindurchfuhr. Im Husky-Stadion fand gerade ein Spiel statt, und gelegentlich brandete lautes Getöse herüber. Dann empfand ich jedes Mal ein Gefühl der Teilnahme und Zugehörigkeit. Ich war der Überzeugung, dass ich hierhergehörte und dass mich die Studenten, die uns auf den Ziegelsteinwegen entgegenkamen, als ihresgleichen angesehen hätten – Fraternity Row –, wäre da nicht diese Frau neben mir gewesen, deren Hand auf meiner Schulter lag. Ich empfand diese Hand immer mehr als eine Last.

Meine Mutter merkte nichts davon. Sie war wieder guter Dinge, hatte in der Kälte rote Wangen bekommen, und ihre Erinnerungen an die Zeit in Yale und am Trinity sprudelten nur so. Damals bekam sie von einer Freundin, die mit einem Footballspieler ging, immer Freikarten für die Spiele. Sie selbst war auch mit einem Spieler gegangen, einem Quarterback der All-Americans aus Yale namens Dutch Diefenbacker. Er hatte ihr einen Heiratsantrag gemacht, sagte sie beiläufig.

»Soll das heißen, er hat dich richtig gefragt?«

»Er hat mir einen Ring geschenkt. Den hatte mein Vater ihm verkauft. Er wollte ihn für eine Frau haben, in die er bis über beide Ohren verknallt war, aber sie wollte nichts von ihm wissen. Sie sagte wörtlich: ›Mensch, ich heirate doch keinen alten Knacker wie dich!‹« Meine Mutter lachte.

»Nun mal langsam«, sagte ich. »Du hättest einen All-American aus Yale heiraten können?«

»Klar.«

»Und warum hast du nein gesagt?«

Wir blieben an einem laubverstopften Brunnen stehen. Meine Mutter starrte ins Wasser. »Weiß ich nicht. Ich war damals noch ziemlich jung, und Dutch war nicht gerade ein geistsprühender Mann. Er war nett ... aber langweilig. Einfach langweilig.« Sie holte tief Lust und sagte heftig: »Mein Gott, war das eine Trantüte!«

»Ich hätte ihn geheiratet«, sagte ich. Die Geschichte hörte ich zum ersten Mal. Es war einfach haarsträubend, dass mich meine Mutter aus reiner Schulmädchenarroganz um einen All-American-Vater aus Yale geprellt hatte. Ich wäre jetzt reich und hätte einen Collie gehabt. Alles wäre anders gelaufen.

Wir umrundeten den Brunnen und liefen denselben Weg zurück. Als wir die Straße erreichten, fragte meine Mutter, ob wir uns nicht doch noch die Wohnung anschauen sollten, die wir ausgelassen hatten. »Ach, was soll's«, sagte sie, als sie mein Zögern sah. »Es muss hier irgendwo sein. Also nehmen wir die auch noch mit.«

Ich fror, aber da ich bisher nichts gesagt hatte, fand ich es falsch, jetzt zu jammern, falsch und kindisch. Sie fragte zwei Mädchen mit Sportabzeichen auf den Pullovern – *Koedukation*, dachte ich und berauschte mich an dem Wort –, und während sie sich den Weg beschreiben ließ, musterte ich die Auslage eines Buchladens, als stünde ich rein zufällig neben dieser Frau, die sich hier nicht auskannte.

Die Dämmerung war klar und kurz. Eben flackerte das Licht noch schwach, im nächsten Augenblick war es verschwunden. Wir liefen ein paar Straßen weit, in ein Viertel mit klassizistischen Villen hinein, aus deren Fenstern üppiges, unnahbares Licht bis auf die leere Straße fiel. Der Wind blies uns vor sich her. Ich zitterte allmählich. Meiner Mutter sagte ich noch immer nichts. Ich wusste, ich hätte früher sagen sollen, dass mir kalt war, alles andere war idiotisch gewesen, aber jetzt konzentrierte ich mich voll und ganz darauf, diese Idiotie zu verbergen, indem ich sie beibehielt.

Wir blieben vor einem Haus mit Eckturm stehen. Das Obergeschoss lag im Dunkeln. »Es ist schon spät«, sagte ich.

»So spät auch wieder nicht«, sagte meine Mutter. »Außerdem liegt die Wohnung im Erdgeschoss.«

Sie stieg die Stufen zur vorderen Veranda hoch, und ich wartete auf dem Bürgersteig. Ich hörte gedämpftes Klingeln und spähte nach den Fenstern, ob sich etwas rührte.

»Mist ... ich hätte anrufen sollen«, sagte meine Mutter. Sie wollte gerade gehen, als die eine Hälfte der Doppeltür aufschwang und ein Mann heraussah, eine große Silhouette im hell erleuchteten Türrahmen. »Ja?«, sagte er. Er klang ungeduldig, aber als sich meine Mutter zu ihm umdrehte, fügte er versöhnlich hinzu: »Was kann ich für Sie tun?« Er hatte eine so tiefe Stimme, dass ich sie fast körperlich spürte, wie Kohlen, die eine Rutsche hinabrumpeln.

Sie erklärte ihm, wir kämen wegen der Wohnung. »Ich fürchte, wir haben uns etwas verspätet«, sagte sie.

»Eine Stunde«, sagte er.

Meine Mutter tat überrascht und sagte, wir hätten uns die Universität angesehen und jedes Zeitgefühl verloren. Sie entschuldigte sich vielmals, machte aber keine Anstalten zu gehen, und ihm muss klar geworden sein, dass sie nicht gehen würde, ehe sie die Wohnung gesehen hatte. Mir war es jedenfalls sonnenklar. Ich folgte ihr die Stufen hoch.

Der Mann war in jeder Beziehung groß – hochaufgeschossen und füllig mit einem Quadratschädel, einem Trophäenkopf. Er hatte diese Größe, die fast unweigerlich den Spitznamen »Kleiner« provoziert, obwohl ihn sicher niemand je so genannt hatte. Er wirkte viel zu ehrwürdig und gedankenverloren, hatte die Milde und den Ernst eines Büffels. Er sah uns durch eine schwarz gerahmte Brille an. »Na schön, nun sind Sie ja da«, sagte er nicht unhöflich, und wir folgten ihm ins Haus.

Als Erstes erblickte ich das Feuer. Ich sah auch andere Dinge, die Möbel, die kirchenartige Weite des Raums, aber meine Augen richteten sich sofort auf die Flammen. Sie loderten zischend in einem Kamin, in dem ich ohne große Mühe hätte stehen können. Vor dem Kamin lag ein Mädchen auf dem Bauch, ein nackter Fuß war angewinkelt und schwang hin und her, das Kinn hatte sie auf die Hand gestützt. Sie las in einem Buch. Nach unserem Eintreten las sie noch etwas weiter, setzte sich dann auf und sagte deutlich akzentuiert guten Abend. Sie hatte schon einen Busen. Ich sah deutlich, wie er ihre Bluse spannte. Aber hübsch war sie nicht. Sie hatte etwas Eulenhaftes, war zu groß und trug die gleiche Brille wie der Mann, dem sie leider sehr ähnlich sah. Sie zwinkerte immerzu. Ich fühlte mich bei ihr sofort wohl. Ich lächelte sie an und sagte Hi, statt Gleichgültigkeit oder Feindseligkeit zu mimen, womit ich normalerweise auf hübsche Mädchen reagierte. Etwas stand im Ofen, irgendetwas mit Schokolade. Ich stellte mich mit dem Rücken vor den Kamin und entspannte meine klammen Hände.

»O ja, die Wohnung ist sehr hübsch«, sagte der Mann in Reaktion auf einen Kommentar meiner Mutter. Er sah sich neugierig um, als wäre er zum ersten Mal hier. Der Raum war riesig, der größte Raum, den ich je in einer Wohnung gesehen hatte. Wir hätten sie uns nie im Leben leisten können, aber diese Tatsache wurde mir langsam schnuppe.

»Ich hole eben meine Frau«, sagte der Mann, blieb aber stehen und betrachtete meine Mutter.

Sie drehte sich langsam um sich selbst und nickte nachdenklich in sich hinein. »So viel Platz«, sagte sie. »Man fühlt sich richtig frei. Wie können Sie eine solche Wohnung bloß aufgeben?«

Er schwieg einen Augenblick. Das Mädchen zupfte am Teppich herum. Dann sagte er: »Wir brauchen mal Tapetenwechsel. Stimmt's, Sister?«

Sie nickte, ohne hochzusehen.

Eine Frau kam mit einem Teller Schokoladenkekse aus dem Nebenzimmer. Sie war groß und schlank. Tiefe Furchen hatten sich in ihre Wangen gegraben und umgaben ihren Mund wie Klammerzeichen. Ihre grauen Haare waren zu einem Pferdeschwanz zusammengebunden. Sie kam mit kleinen, gemessenen Schritten auf uns zu, als brächte sie Opfergaben zu einem Altar, und stellte die Kekse auf den Couchtisch. »Sie kommen gerade recht für Dr. Averys Schokoladenkekse«, sagte sie.

Erst dachte ich, das Rezept hieße so. Dann flitzte der Mann hinüber, nahm sich eine Handvoll, und ich verstand. Ich verstand nicht nur, dass er Dr. Avery war, sondern auch, dass die Kekse ihm gehörten; seine Attacke auf die Keksplatte hatte alle Anzeichen eifersüchtiger Besitznahme. Ich war zu befangen, um mich zu bedienen, aber Sister nahm sich einen und überlebte, sie holte sich sogar noch einen zweiten. Da nahm ich mir auch ein paar. Während wir noch kauten, legte die Frau ihren Arm um Dr. Averys Taille und schmiegte sich an ihn. Das wenige, was ich von der Ehe wusste, hatte mich zu der Annahme gebracht, dass öffentliche Zurschaustellung von Zärtlichkeiten zwischen Mann und Frau reines Theater war – *schaut nur, dies ist ein Heim, in dem sich die Menschen in den Arm nehmen* –, aber sie wirkte so rundum glücklich und zufrieden, dass ich mich einfach mit ihr freuen musste.

Meine Mutter strich ruhelos durch den Raum. »Darf ich mich ein wenig umsehen?«, fragte sie.

Mrs. Avery bat Sister, uns den Rest der Wohnung zu zeigen.

Noch mehr riesige Zimmer. Zwei davon mit Kaminen. Über dem Sims im Elternschlafzimmer hing das große Foto eines Mannes mit dunklen, grüblerischen Augen. Als ich Sister fragte, wer das sei, sagte sie leicht überheblich: »Gurdjieff.«

Ihre Herablassung machte mir nichts aus. Sie war älter, größer und wahrscheinlich klüger als ich. Da war gegen Herablassung nichts einzuwenden.

»Gurdjieff«, sagte meine Mutter. »Von dem hab ich gehört.«

»Gurdjieff«, wiederholte Sister, als hätte meine Mutter den Namen falsch ausgesprochen.

Wir gingen ins Wohnzimmer zurück und setzten uns vor den Kamin, Dr. Avery und seine Frau aufs Sofa und meine Mutter in einen Schaukelstuhl daneben. Sister und ich machten es uns auf dem Boden bequem. Sie schlug erneut ihr Buch auf, einen Moment später winkelte sie wieder das Bein an und schwang langsam mit dem Fuß hin und her. Meine Mutter und Mrs. Avery unterhielten sich über die Wohnung. Ich starrte in die Flammen, die Stimmen hinter mir waren angenehm und belanglos, bis ich meinen Namen hörte. Meine Mutter erzählte Mrs. Avery von unserem Spaziergang über den Campus. Sie sagte, sie fände ihn wunderschön.

»Schön?«, fragte Dr. Avery. »Wie meinen Sie das?«

Meine Mutter sah ihn an, ohne zu antworten.

»Ich nehme an, Sie beziehen sich auf die Gebäude.«

»Genau. Die Gebäude, das Gelände. Die ganze Anlage.«

»Pseudogotischer Schnickschnack«, sagte Dr. Avery. »Eine Filmkulisse.«

»Dr. Avery findet, die Universität achte zu sehr auf den äußeren Schein«, sagte Mrs. Avery.

»Nur darauf achtet sie«, sagte Dr. Avery.

»Damit kenne ich mich nicht aus«, sagte meine Mutter. »Architektur ist nicht mein Fachgebiet. Ich fand einfach, es sieht hübsch aus.«

»Das ist doch der springende Punkt, nicht wahr?«, sagte Dr. Avery. »Es *sieht aus* wie eine Universität. Dasselbe gilt für die angebliche Bildung, die sie einem dort andrehen. Mummenschanz auf der ganzen Linie. Hohl und leer. Nur *materia*, keine *anima.*«

Ich konnte ihm nicht folgen und sah wieder ins Feuer. Dr. Avery polterte weiter. Er hatte vorher kaum etwas gesagt, aber jetzt war er nicht mehr zu bremsen, und ich wollte ihn auch nicht bremsen. Seine Stimme wiegte mich in schläfriger Sicherheit, wie das Brummen eines Automotors, wenn man auf der Heimfahrt nach einer langen Reise auf dem Rücksitz liegt. Manchmal mischte sich Mrs. Avery ein und stimmte seinen Äußerungen zu; dann fuhr er fort. Sister rutschte neben mir hin und her. Sie gähnte und blätterte um. Die Scheite im Kamin sackten leise zusammen wie ein alter Hund, der im Schlaf mit den Gliedern zuckt.

Dr. Avery redete geraume Zeit. Dann sagte meine Mutter meinen Namen. Sonst nichts, nur meinen Namen. Dr. Avery ließ sich davon nicht stören. Er saß vorgebeugt da, sein erhobener Zeigefinger skandierte seine Rede, und seine Brillengläser blitzten auf, wenn er den Kopf schüttelte. Ich sah meine Mutter an. Sie saß steif im Schaukelstuhl und umklammerte ihre Handtasche im Schoß. Ihr Gesicht war ausdruckslos und erstarrt. Dieselbe Miene setzte sie auf, wenn sie an der Tür von einem hartnäckigen Vertreter oder einen Mormonenpaar in die Enge getrieben wurde. Sie wollte gehen.

Ich wollte nicht gehen. Ich döste vor dem Kamin und hatte in meiner trägen Zufriedenheit vergessen, dass ich hier nicht zu Hause war. Die Hitze und der Feuerschein hatten denselben Effekt wie Dr. Averys Stimme, sie lullten mich ein und versetzten mich in dasselbe Familienglück, wie diese Leute es zu genießen schienen. Ich hatte sogar vergessen, dass sie nicht meine Familie waren, und dass auch sie nicht bleiben würden. Ich machte sie zu einem Teil meiner Geschichte, ohne jedes Gespür dafür, dass sie ihre eigene Geschichte leben mussten.

Wie ihre Geschichte ausging, weiß ich nicht. Wir sahen sie nie wieder. Aber heute, so viele Jahre später, wage ich eine Vermutung. Ich vermute, dass die Universität Dr. Avery die Professur auf Lebenszeit verweigert hatte und dass sie weder die erste noch die letzte war, die ihn verschmähte. Ich sehe ihn an einer unwürdigen Institution nach der anderen seinen Kampf gegen den bloßen Schein ausfechten, und jede weigert sich vehementer, von seiner Genialität Notiz zu nehmen. Dr. Averys Kollegen, Kleingeister mit Herzen aus Stein, veralbern ihn als Störenfried und Langweiler. Seine humanistischen Ideale, so deuten sie an, sind ein bloßer Vorwand für das Mittelmaß in seinem eigenen Fachgebiet, egal wo das liegt. Ein ums andere Mal lassen sie ihn die Koffer packen. Mrs. Avery tröstet seine verwundete *anima* mit bedingungsloser Treue und befriedigt die Bedürfnisse seiner schwellenden *materia* mit immer mehr Schokoladenkeksen. Sie glaubt an ihn. Ihr Glaube, egal worauf er beruht, ist heldenhaft. Nie kommt ihr der Gedanke, der einer schlichteren Frau kommen könnte, dass ihre Aussicht auf ein ganz normales Glück – alte Freundschaft, ein eigenes Heim, ein in der Gemeinschaft verwurzeltes Leben – keiner höheren Wahrheit, sondern Eitelkeit und Arroganz zum Opfer gefallen sind.

Nein, diese Rolle fällt Sister zu. Sister wird zur Ketzerin werden. Als Kind der beiden hat sie keine andere Wahl. Eines Tages, gar nicht so viele Jahre nach diesem Abend, wird sie zu der Einsicht gelangen, dass sich die Enttäuschungen ihres Lebens auf das Versagen ihrer Eltern zurückführen lassen. Und wer kennt dieses Versagen besser als Sister? Sie macht ihnen Szenen. Dr. Avery wird sein Wesen vorgeworfen, Mrs. Avery wird ihr Wesen vorgeworfen. Die Heimfahrten vom Barnard, Reed oder wo sonst Sisters Stipendium sie hinbringt, später dann aus der weit entfernten Stadt, wo sie Arbeit gefunden hat, werden immer theatralischer. Verärgertes Flüstern in der Küche. Geschrei beim Abendessen, vorzeitige Abreise. Jahrelang geht das so, aber nicht ewig. Sister schließt mit ihren Eltern Frieden. Sie lernt sogar zu schätzen, was sie einst verachtet hat, die Weigerung der Eltern, zu leben und zu reden wie der Rest der Welt, ihre ewigen Umzüge, den Farbtupfer ihrer Kauzigkeit im schlammigen Alltag. Sie stellt fest, dass ihr gar nichts anderes übrigbleibt, als sie zu lieben, und wer kann sie besser lieben als Sister?

Die Entwicklung könnte so, aber auch anders verlaufen sein. Ich habe diese Menschen zu einem Teil meiner Geschichte gemacht, ohne ihre eigene zu kennen, genau wie an jenem Abend, als ich mich in ihre Familie hineinträumte. Wir waren uns fremd. Ich verbrachte vielleicht eine Dreiviertelstunde in ihrer Wohnung, gerade lange genug, um mich aufzuwärmen und die Tatsachen aus den Augen zu verlieren.

Meine Mutter sagte wieder meinen Namen. Ich blieb, wo ich war. Normalerweise wäre ich ohne weitere Aufforderung aufgestanden, nicht aus Gehorsam, sondern weil ich ihr jeden Wunsch von den Augen ablesen und damit prahlen wollte, wie gut wir aufeinander eingespielt waren. Diesmal starrte ich sie nur mürrisch an. Im Schaukelstuhl wirkte sie fehl am Platz; sie hatte zu viel Glamour dafür. Ich konnte diesen Glamour fast von ihr getrennt sehen, als anderes Wesen, als eine kecke, ungeduldige Freundin, die nichts wie weg von hier wollte, nichts wie raus aus diesem trauten Heim.

Sie sagte, wie müssten langsam aufbrechen. Sister hob den Kopf und sah mich an. Ich rührte mich noch immer nicht. Ich merkte, dass meine Mutter überrascht war. Sie wartete auf meine Reaktion, und als sie ausblieb, schaukelte sie langsam nach vorn und stand auf. Alle außer mir standen auf. Ich fand es dumm und flegelhaft, dass ich als Einziger am Boden sitzen blieb, aber ich blieb trotzdem dort, während sie Abschiedsfloskeln austauschten. Als sie zur Tür gingen, sprang ich auf, murmelte »Auf Wiedersehen« und folgte ihr nach draußen.

Dr. Avery hielt uns die Tür auf.

»Ich finde den Campus trotzdem sehr hübsch«, sagte meine Mutter.

Er lachte – *ha ha ha.* »Nun, sei's drum«, sagte er. »Jedem das Seine.« Er wartete, bis wir den Bürgersteig erreicht hatten, schaltete das Licht aus und schloss mit einem Knall die Haustür.

»Was sollte denn das?«, fragte meine Mutter.

Ich schwieg.

»Ist dir nicht gut?«

»Doch.« Und dann sagte ich: »Mir ist etwas kalt.«

»Kalt? Warum hast du denn nichts gesagt?« Sie versuchte, mitfühlend auszusehen, aber ich merkte ihre Erleichterung, dass mein merkwürdiges Verhalten im Wohnzimmer eine so einfache Erklärung fand.

Sie zog ihre Kostümjacke aus. »Hier.«

»Danke, nicht nötig.«

»Zieh sie an.«

»Ehrlich, Mom. Ist nicht so schlimm.«

»Zieh sie an, du Schwachkopf!«

Ich legte die Jacke um die Schultern. Wir liefen ein Stück. »Ich sehe lächerlich aus«, sagte ich.

»Na und? Wen stört das?«

»Mich.«

»Bitte, dann stört es dich eben. Tut mir leid. Du überrascht mich heute immer wieder, Junge.«

»Im Bus zieh ich sie aber aus.«

»Wer hat denn gesagt, dass du sie im Bus anbehalten musst? Willst du noch was essen, bevor wir nach Hause fahren?«

Ich meinte, ich hätte nichts dagegen, sie solle etwas aussuchen.

»Vielleicht finden wir eine Pizzeria. Hast du Lust auf Pizza?«

Ja, meinte ich.

Ein schwarzer Hund mit glänzenden Augen kam über die Straße auf uns zu.

»Na, Sportsfreund?«, sagte meine Mutter.

Der Hund trottete eine Zeitlang neben uns her und lief dann davon.

Ich drehte den Jackenkragen hoch und zog die Schultern ein.

»Frierst du immer noch?«

»Ein bisschen.« Inzwischen klapperte ich mit den Zähnen. Mir kam es vor, als wäre mir noch nie so kalt gewesen, und ich gab meiner Mutter die Schuld, weil sie mich vom Kamin in diese Kälte zurückgezerrt hatte. Ich wusste, dass sie nichts dafür konnte, gab ihr aber trotzdem die Schuld – an der Kälte und dem Wind im

Gesicht und an allem namenlosen anderen, das nicht so war, wie es sein sollte.

»Komm her.« Sie zog mich an sich und rieb mir mit den Händen den Arm. Als ich mich losmachen wollte, hielt sie mich fest und rieb weiter. Das tat gut. Mir wurde zwar nicht richtig warm, aber wärmer würde mir draußen eh nicht werden.

»Bloß aus Neugier«, sagte meine Mutter, »was hältst du von dem Campus? Ehrlich?«

»Mir gefällt er.«

»Ich fand ihn toll«, sagte sie.

»Ich auch.«

»So ein Schwätzer«, sagte sie. »Was bildet der sich eigentlich ein?«

Heute habe ich meinen eigenen Kamin. Die Winter sind hier lang und kalt. Der Wind führt zu Schneeverwehungen, das Haus ächzt, und an den Fenstern bilden sich Eisblumen. Nach dem Abendbrot schichte ich im Kamin vier Scheitwände auf wie bei einer Blockhütte ohne Dach. Das ist die beste Methode. Nur Greenhorns bauen einen Tipi. Meine Kinder warten hinter mir, rangeln um den besten Platz und streiten sich laut, wer das Streichholz halten darf. Ich sage ihnen, sie sollen es gemeinsam anzünden. Ihre übereifrigen Hände zittern, wenn sie die Streichhölzer anreißen, an das zusammengeknüllte Papier halten und möglichst viele Stellen versengen, bevor die Späne Feuer fangen. Dann lehnen sie sich zurück und sehen zu, wie die Flammen an den Blockhauswänden hochzüngeln. Auf ihren Gesichtern liegt Ehrfurcht.

Meine Frau kommt herein und lobt das Feuer, weil sie weiß, wie stolz ich darauf bin. Sie legt sich mit ihrem Buch aufs Sofa, liest aber nicht darin. Ich lese auch nicht in meinem. Ich betrachte das Feuer und die Flammenspiele auf den Gesichtern meiner Familie. Ich versuche, mich zu Haue zu fühlen, und meist gelingt es mir auch sehr gut. Von diesen Abenden zehre ich, wenn ich weit weg bin; sie sind mein Traum vom Zuhause. Tief im Inneren wappne ich mich jedoch, als könnte ich es nie ganz glauben. Als könnte es verschwinden, wenn ich zu fest daran glaube, so als würde mich eine Stimme aus dem Schlaf reißen.

Kamingedanken

Sigismund von Radecki

Am Kamin

Das halbdunkle Bibliothekzimmer ließ ganze Stockwerke goldgepresster Gedanken ahnen. Kniend legte ich zwei Holzscheite in den Kamin und stopfte zwischen die beiden zerknülltes Papier: alte Briefe, Rechnungen, Formulare und Zeitungen mit zündenden Leitartikeln. Quer darüber legte ich drei Fichtenscheite, dann drei weitere wiederum quer zu diesen (denn man muss in allem System haben) und setzte endlich auf das Ganze ein paar mächtige Wurzelstücke. Hierauf hielt ich ein brennendes Streichholz an das äußerste Zeitungsendchen. Und nun streckte ich mich auf dem Recamier-Diwan aus, um zu sehen, was daraus werden würde.

– Ins Kaminfeuer schaut man immer gern, sprach eine Stimme von der benachbarten Couchette: Wie lange ist's denn her, dass wir alle in Höhlen wohnten und rund um das Feuer saßen, auf dem eine Rentierkeule briet ...? Von daher kamen die ersten Märchen, von daher die Wandmalereien – denken Sie nur an die zuckenden Schatten auf den gelben Höhlenwänden. Man ahnt die Ahnen, wenn man dasselbe tut wie sie, wenn man ins Feuer starrt. Und vielleicht werden wir bald wieder in Höhlen wohnen. Eine Höhle ist nicht zu verachten; besonders bei Luftgefahr.

Schade nur, dass so ein Feuer unzweckmäßig ist, meinte ich: es wärmt bloß von einer Seite und lässt das Beste zum Schornstein hinausfliegen.

Da müsste man sich zuvor über den Zweck verständigen, sprach die Stimme von der Couchette. Feuer wärmt nicht nur, es gibt Licht. Kein Opferaltar ohne Feuer; es ist das innere brennende Herz eines Heimes – was aber ist so ein Heizkörper von der Zentralheizung? Gerade noch zur Not er selbst, und sonst nichts: ein Gebrauchsgegenstand, den man möglichst zu verdecken sucht. Das Kaminfeuer aber versammelt die Menschen um sich; es ist Mittelpunkt wie jede starke Persönlichkeit und hat eine gesellschaftsbildende Kraft. Wenn eine Römerin heiratete, so brachte sie eine Schaufel Feuersglut vom elterlichen Herd, um damit ihr Herdfeuer zu entzünden. Denn die Römer wussten, was Familie ist.

Und auch der Einsame, sagte ich, ist mit dem Kaminfeuer nie allein; unterhältst du das Feuer, so unterhält es auch dich: Eiche, Birke, Buche, Fichte – jedes Holz brennt anders; jedes hat sein Temperament, sein Knacken, Singen, Prasseln – seine eigene Sprache und seine Glutaugen, mit denen es dich anblickt. Die klobigen Scheite verwandeln sich in tanzende Elementargeister – wer aber könnte vor einer Zentralheizung träumen? Höchstens, wenn sie ausgegangen ist.

Dann schimpft man eher, meinte mein unsichtbarer Nachbar. Ein Zimmer ohne Kamin mag ganz nett sein, doch es fehlt ihm, wie auch so vielen ganz netten Menschen, die Höhendimension; der Zug nach oben; die Verbindung mit der Himmelsluft; jenes brennende Etwas, das von innen geradewegs zu den Sternen hinauflodert; jener dämonische Vertikaltunnel, durch den das Hexenzeug per Besenstiel zum Blocksberg reitet. Dort, im Zimmer ohne Kamin, vollzieht sich der Luftkreislauf innerhalb des geschlossenen Raumes, hier tun das ganze Haus herum: Kaminzimmer atmen!

Sie meinen: Menschen ohne Schornstein, sagte ich. Und wenn's bei denen einmal zu brennen anfängt, dann raucht es. Sie kennen doch das Sprichwort: »Feuer im Herzen, Rauch im Kopf.« Der eine hat die Pfingstflamme über dem Haupte schweben, der andere die elektrische Birne. Ich fürchte, dass auch ich eher Heizkörper als Kamin bin. Dennoch war ich schon als Knabe eine Art Feuerliebhaber. Das Anzünden eines Stückes Papier durch ein Brennglas erfüllte mich mit metaphysischen Schauern: wie da aus Licht Rauch wurde! ... Oder ich goss in das eine Probierglas Schwefelsäure, in das andere aufgelöstes Mangansuperoxid, und ging damit zu meinem Vater: »Darf ich dir etwas zeigen?« Dann goss ich das Mangansuperoxid hinüber in die Schwefelsäure – und nun kam die Pointe: Die beiden Flüssigkeiten verbanden sich so wütend, dass mitten im Nassen fortwährend kleine Flammen aufzuckten! Flammen aus dem Flüssigen und Flammen aus der Sonnenluft! (»Vielleicht wird aus dem Jungen ein Naturforscher ...«) – aber das war es nicht. Eher die Freude am Paradox.

Dann will ich Ihnen meinen Wunschtraum schildern, sprach die Stimme von der Couchette. Wenn ich reich wäre, würde ich solch einen Kamin bauen: Die Nische müsste so hoch sein wie hier, aber dazu noch ein Viertelmeter unter das Fußboden-Niveau hinabgehen – als eine Art Bassin. Und aus der Mitte des Bassins müsste ein schwarzer, löcheriger Basalt-Kegelstumpf aufragen, dessen obere Plattform die Feuerstelle wäre. Nun schichtet man darauf einen hohen Holzstoß und zündet das Feuer an. Ihnen ist gewiss aufgefallen, dass ein brennender Holzstoß einer Flammenkaskade gleicht, die als goldener Wasserfall nach oben lodert. Drehen Sie den Kopf nach unten und blicken Sie ins Feuer: ein Flammenkatarakt, der aus dem Holze quillt! Im Augenblick nun, da das Holz auflodert, drehe ich reicher Mann einen Hebel – und aus dem Kegelstumpf, aus allen seinen Grotten, quillt und ergießt sich plötzlich Wasser nach unten ins Bassin, wo es seinen Abfluss findet. Zwei Kaskaden übereinander: eine goldene heiße, die nach oben steigt, eine schwarzgoldene, die nach unten stürzt – ein steigend-stürzender Doppelquell von Feuer und Wasser – ein lodernd-sprudelnder Pilaster aus zwei feindlichen Elementen – eine singende Säule: prasselnd und plätschernd, verschwenderisch wie die Natur! Was sagen Sie dazu?

Seltsam, dass noch kein reicher Mann auf den Gedanken gekommen ist, sagte ich. Und die Zigeuner brauchen's wieder nicht: denn ein brodelnder Kessel auf dem Feuer unter dem Nachthimmel ist doch fast ebenso schön. Ja, wenn es dunkel ist, schaut man ins Feuer: es entzündet die Fantasie. Schon das Anstecken mit dem leisen Ritschratsch des Streichholzes, welches doch genügt, das Ganze in Flammen zu setzen, hat den Reiz der Minimalursache und Maximalwirkung. – »Moskau ist von einer Kerze abgebrannt«, sagt der Russe. Man hält das Flämmchen an einen Papierschnitzel, aber es ist fast wie das Anstiften eines Krieges oder einer Revolution, es lockt mit dem pyromanischen Kitzel der Brandstiftung! Man hat alles Brenngierige zuvor sorgsam hochgestapelt, wie ein Dramatiker, wenn er auf die große Szene zusteuert. Das Leichtentzündliche – Papier, Holzwolle, Strohfeuerköpfe – brennt ja mit Sicherheit. Aber nun kommt die Frage: Wird es ein Strohfeuer bleiben oder wird das solide Holz mitmachen? Ist sozusagen genügend Agitationsstoff vorhanden? Sind über der ersten Begeisterung genügend Holzstockwerke geschichtet, dass die Flammen durch deren Ritzen zu Stichflammen werden? Noch züngelt es bloß, noch gibt es mehr Rauch als Flamme: Die Feuchtigkeit, das Phlegma dampft aus. Doch da spürt man, dass das Feuer jetzt die nötige Verbrennungshitze aus sich selbst erzeugt: man braucht's nicht mehr zu nähren, denn es ist selbständig geworden, man braucht nur noch händereibend zuzuschauen – »nun wirk es fort, Unheil, du bist im Zuge; nimm welchen Lauf du willst!« Zwar sieht man am zerstreuten Umherflackern, dass die Zungen erst im Anfang sind, noch zielunsicher, noch auf der Suche nach der großen Parole – und plötzlich stoßen sie alle zusammen lodernd hoch: Sie haben über sich die kalte Luftsäule des Schornsteins hinausgetrieben! Jetzt erst zieht der Kamin und sie können wahrhaft fressen. Das ist sozusagen der Bastillensturm des Kaminfeuers, denn nun haben die Flammenzungen Blut geleckt: blaue, geisterhaft blasse, silbrig schwelende, glutrote und goldene, sie alle schnellen zusammen zu einer furchtbaren Lohe, die aus dem schwarzen Rachen des Kamins nach oben zuckt! Alles Knistern, Prasseln und Knacken wird jetzt verschlungen von einem einzigen lechzenden Ton, der sich wie ein schnelles Raubtierkeuchen anhört. Ja, das ganze Feuer ist jetzt ein *einziger* Durst – – wonach? nach Rache? nach Luft? So muss das Schwert des Engels vor dem Paradiese gelodert haben! Dieser Leidenschaft ist jetzt kein Holzkloben zu massiv – im Hui wird er gefasst, umkrallt, verzehrt – und seht, schon schwebt er, der ungeschlachte, als Glutgeist auf und schwingt sich goldlockig zu den Sternen:

Ja! Ich weiß, woher ich stamme!
Ungesättigt gleich der Flamme
glühe und verzehr' ich mich.
Licht wird alles, was ich fasse,
Kohle alles, was ich lasse:
Flamme bin ich sicherlich!
Aber was ist Flamme?

Kohlensäure, mein Lieber, Kohlensäure – nichts als ein heftiger Oxidationsprozess, sprach es von der Couchette her. Im »Heftigen«, darin liegt es! Feuer ist etwas, das den Stoff in Kraft verwandelt. Diese Holzscheite waren eine Fichte, und diese Fichte hatte eine Eigenwärme – noch bevor es taute, tropfte ihr der Schnee von den Nadeln. Leben heißt Wärme erzeugen, heißt brennen – flammen aber heißt so intensiv leben, dass man daran stirbt: »das Lebendge will ich preisen, das nach Flammentod sich sehnet«. Stirb und werde – – Flamme! Dieses hier ist nur ein Kamin, aber lassen Sie mich Ihnen erzählen, wie mir einmal die Flamme anders begegnete. Ich war an einem Julimittag eingeschlafen in einem großen Walde, denn es war so dumpf und heiß, dass jede Bewegung zur Qual wurde. Plötzlich wachte ich auf – von einem Windzug, einem Knistern; Füchse und Hasen liefen an mir vorbei. Und kaum hatte ich erkannt, dass der Wald brannte, so sprang es schon auf mich zu: Die Flammen schlugen nicht nach oben, sondern sie *liefen* vorwärts; sie jagten im Sturmwind daher, den sie selber erzeugt hatten, – sie ringelten sich wie Schlangen durch das Moos, kletterten wie Eichkatzen die Stämme hinauf, flogen wie der leibhaftige Feuervogel durch die Zweige – nein, sie schossen durch den Raum, setzten über zwanzig Meter von Wipfel zu Wipfel, als ob die Luftlinie selber Feuer finge – und das alles mit einem Zischen, Knistern und Fauchen, welches leise und doch zugleich gewaltig war! Irgendeine furchtbare Hassesrechnung wurde hier beglichen. Das In-Flammen-Aufgehen ganzer Gebüschpartien war Sache eines Gedankens, geschah nebenbei – und plötzlich sah ich, dass die Flammen mich zu überfliegen, mich züngelnd zu umzingeln drohten. Ich lief, wie vorhin jener Hase, ich lief um mein Leben. Endlich, mit versengten Haaren und Augenbrauen, gewann ich das Freie. Die schwarz verkohlten Stämme standen wie kahle Eisenstangen, durch die der rote Hass hindurchsprang – hinter sich Rauch und Qualm und den Gräuel der Verwüstung ... Und ich sage Ihnen: Ich habe die Bäume, deren eine Zweige noch grünten, während die anderen bereits in Kontorsionen loderten – ich habe sie schreien gehört ...

Aber derweil ist unser Kaminfeuer ein anderes geworden, sagte ich: Sehen Sie – es hat kein neues Holz mehr zu erobern; es verzehrt sich an sich selbst, je heller umso schneller. Das Feuer »wird alt« – noch brennt es lichterloh, aber sozusagen mit korrekter Begeisterung. Vorhin steigerten sich Flamme und Fraß und wieder Flamme in wütender Multiplikation, jetzt aber frisst sich das Feuer den Boden unter den Füßen weg. Ermattend, muss es durch einen Blasebalg aufgepeitscht, sozusagen angefeuert werden. Es ist ihm zumute wie einem Dichter, wenn er zum ersten Mal merkt, dass er sich wiederholt. Das Grenzenlose findet seine Grenze nur an sich selbst: Was seinem Wesen nach Vernichtung ist, endet notwendig in Selbstvernichtung.

Und jetzt wird das Verbrannte ein heiß hauchender Goldabgrund, gleißend in allen Überlaufungen.

Nun beginnt das Kaminfeuer seine Figuren zu spielen. Was nacktes, nüchternes Holz war, wird jetzt fantastische Silhouette in der düsteren Glut: schwarze Eberköpfe fletschen die lodernden Hauer; feuerspeiende Drachenhäupter rollen ihre Augen; Haifischmäuler schnappen nach Nashornbacken; Teufelsfratzen starren auf halbverkohlte Gruppen aus dem Tartarus – und das alles liegt durcheinandergepurzelt, wechselt stumm seine Gestalt und wirft geisternde Schatten auf das Parkett. Ja, jetzt merkt man, dass Feuer zweierlei ist: Brand und Licht, Höllenbrand und Himmelslicht – es steigt aus der Unterwelt als rote Lava und fällt aus der Überwelt als Sonnenstrahl, denn es dient, uneins mit sich selbst, zweien Herren: dem Gotte Pluto und dem Gott Phöbus Apollo. Verbrennen, Läutern und Leuchten, das sind seine drei Wirkungen, in Hölle, Fegfeuer und Himmel: denn seltsam, diese drei sind nicht ohne Feuer zu denken, so dass hier das unsere ein Mahnbild des dortigen scheint, wie es ja geschrieben steht: »Ich bin gekommen, dass ich ein Feuer anzünde auf Erden.« Rauch ist sein irdisches Teil, aber das himmlische Feuer versengt nicht: weder den lodernden Busch noch die drei Männer im Ofen, noch auch das Haupt des Heiligen.

Und endlich ist das Feuer im Kamin ganz alt und weiß geworden: eine Winterlandschaft mit schneeiger Asche und rosig atmender Kohlenglut – wie die späte Morgensonne, wenn sie durch die Schneegewölbe der Tannen glüht. Jetzt, da das Feuer am Sterben ist, ist sein Licht am jüngsten, ein rosiges Knäblein. Jetzt sind es nur noch ein paar Pfingstknospen ... Und jetzt fühlst du ein Bangen, als ob es mit dir selber zu Ende ginge – jetzt ist es aus.

Nun sitzen wir im Dunkeln, sagte ich.

Aber die Stimme von der Couchette gab keine Antwort.

Da drehte ich das elektrische Licht an.

Er war eingeschlafen.

Herman Melville

Ich und mein Kamin

Ich und mein Kamin, zwei bemooste alte Raucher, haben ihren Sitz auf dem Lande. Wir sind hier - ich darf wohl sagen - alteingesessen; besonders mein alter Kamin, welcher sich mit jedem Tage mehr setzt. Wenn ich auch immer von »mir und meinem Kamin« rede - wie Kardinal Wolsey, der »ich und mein König« zu sagen pflegte -, findet diese ichbezogene Sprechweise, in der ich meinem Kamin vorausgehe, kaum eine Stütze in den Tatsachen; außer in dem genannten Ausdruck geht mir der Kamin in allem voraus.

Keine dreißig Fuß von der grasgesäumten Straße ragt - ein riesiger, beleibter alter Heinz VIII. von einem Kamin - mein Kamin vor mir und all meinem Besitz. Hoch an einer Hügellehne, gleich dem Riesenteleskop des Lord Rosse in die Vertikale aufgerichtet, den Mond im Meridian zum Ziel, so grüßt mein Kamin als erster Gegenstand des nahenden Wanderers Auge; und nicht ist er der Letzte, den die Sonne küsst. Auch erhält mein Kamin vor mir die Erstlinge der Jahreszeiten. Der Schnee liegt früher auf seinem Haupt als auf meinem Hut; und jeden Frühling baut wie in einem hohlen Buchenstamm die erste Schwalbe ihr Nest in ihm.

Aber erst im Innern des Hauses ist der Vorrang meines Kamins vollends mit Händen zu greifen. Wenn ich in dem eigens diesem Zweck bestimmten Hinterzimmer stehe, um meine Gäste zu empfangen (welche übrigens, so vermute ich, mehr meinen Kamin als mich aufsuchen), dann stehe ich nicht so sehr vor als, genau genommen, hinter meinem Kamin, in der Tat dem eigentlichen Hausherrn. Nicht, dass ich dawider murrte. Ich hoffe, ich kenne in Gegenwart mir Überlegener meinen Platz.

Von dieser Gewohnheit, hinter meinen Kamin zurückzustehen, kommt es, dass manche sogar finden, ich sei überhaupt betrüblich rückständig geworden; kurz, da ich so viel hinter meinem altmodischen Kamin stecke, hinke ich auch hinter der Zeit her und bin auch mit allem Übrigen im Rückstand. Aber um die Wahrheit zu gestehen: Ich war nie ein stark vorprellender alter Knabe und auch nicht, was meine bäuerlichen Nachbarn »fortschrittlich« heißen. Ja das Gerücht, wonach ich nie die Vorhand hätte, ist insofern im Recht, als ich manchmal so eine verschrobene Art habe, mit den Händen auf dem Rücken umherzuschlendern. Was die Meinung betrifft, ich gehöre ganz allgemein zur Nachhut, so ist gewiss, dass ich den Nachtrab meines Kamins bilde - welcher übrigens in diesem Augenblick vor mir steht -, und das sowohl in der Fantasie wie in der Tat. Kurz, mein Kamin überragt mich - ich weiß nicht, um wie viele Köpfe und Schultern -, überragt mich auch darin, dass ich ihm häufig, demütig gebückt, mit Schaufel und Zange zu Diensten bin; nie aber dient er oder beugt er sich mir, sondern neigt beim Sichsetzen, wenn irgendwohin, nach der andern Seite.

Mein Kamin ist hier der Grandseigneur - der eine, gewichtige, beherrschende Gegenstand - in der Landschaft nicht mehr als im Hause; der ganze Rest dieses Hauses ist, wie sich bald zeigen wird, in jeder architektonischen Hinsicht nicht meinen, sondern aufs betonteste den Bedürfnissen meines Kamins angepasst, welcher unter anderem die Mitte des Hauses für sich beansprucht und mir nur die restlichen Höhlungen und Winkel überlässt.

Mag der Kamin über dem Dach auch groß erscheinen, es ist nichts, verglichen mit seiner Raumfülle darunter. Am Fundament im Keller misst er genau zwölf Fuß im Geviert und bedeckt also eine Fläche von genau hundertvierundvierzig Quadratfuß. Welcher Besitzanspruch an *terra firma* für einen Kamin, und welche Riesenlast für diesen Boden! Ja, nur weil ich und mein Kamin noch nicht zu seiner herkömmlichen Bürde gehörten, vermochte jener wackere Hausierer, der uralte Atlas, unter seiner Last so tapfer aufrecht zu gehen. Die angegebenen Maße mögen fantastisch klingen. Aber steht nicht mein Kamin wie jene Steine in Gilgal, die Josua zum Denkmal für den Jordandurchgang aufgerichtet hat, bis auf den heutigen Tag?

Sehr oft steige ich in meinen Keller hinunter und betrachte aufmerksam jenes ungeheure gemauerte Viereck. Lang stehe ich da, sinnend und staunend. Es bietet einen druidischen Anblick, dort drunten im schattigen Keller, dessen zahlreiche gewölbte Gänge und fern düsternde Schlüfte den dunkeln, feuchten Tiefen urzeitlicher Wälder gleichen. So stark bemächtigte sich meiner diese Vorstellung, so tief durchdrang mich das Staunen ob dem Kamin, dass ich eines Tages - nicht ganz bei Trost, so dünkt mich jetzt - im Garten einen Spaten holte, mich an die Arbeit machte und rund um das Fundament zu graben begann, besonders an den Ecken, insgeheim den Einflüsterungen von Träumen gehorchend, wonach ich auf einen alten Scherben, den Zeugen jenes längst vergangenen Tages stoßen müsste, als in all dies Düster das Licht vom Himmel fiel, da die Maurer die Grundsteine legten, vielleicht schier verschmachtend unter einer Augustsonne, vielleicht gepeitscht von einem Märzensturm. Als ich so meinen stumpfen Spaten stieß, wie ärgerte mich da die plumpe Unterbrechung durch einen Nachbarn, welcher mich in irgendeiner Sache aufsuchte, erfuhr, ich sei unten, beteuerte, man brauche mich nicht heraufzubemühen, vielmehr werde er zu mir hinuntersteigen, und so ohne Umschweife und ohne Warnung plötzlich mich ertappte, wie ich in meinem Keller grub.

»Beim Goldgraben, Herr?«

»Nein, mein Herr«, antwortete ich und fuhr zusammen; »ich grabe bloß - ahem! ich - was ich sagen wollte, Herr, ich grabe bloß - rund um meinen Kamin.«

»Aha, Sie lockern die Erde, damit er besser wächst.

Ihr Kamin, mein Herr – er ist Ihnen wohl zu klein; bedarf weiterer Entfaltung, besonders oben?«

»Mein Herr!«, sprach ich und warf den Spaten zu Boden, »werden Sie nicht persönlich! Ich und mein Kamin –«

»Persönlich?«

»Mein Herr, ich betrachte diesen Kamin weniger als einen Backsteinturm denn als eine Persönlichkeit. Er ist im Haus der König. Ich bin nur ein geduldeter und bedeutungsloser Untertan.«

Nein, ich vertrage keinen Spott, der auf mich oder meinen Kamin zielt, und nie mehr hat mein Besucher in meiner Hörweite die Sprache auf ihn gebracht, ohne mit dessen Erwähnung einige Artigkeiten zu verbinden. Mein Kamin verdient Respekt und Hochachtung vollauf. Da steht er einsam und allein, kein Zehner-Kollegium von Rauchabzügen, sondern wie Seine Heilige Majestät von Russland mit der Einzigkeit eines Autokraten.

Sogar mir kommen seine Abmessungen zuweilen unglaublich vor. Er sieht gar nicht so groß aus – nein, nicht einmal im Keller. Das Auge allein begreift seine Größe nur unvollkommen, weil es auf ein Mal nur eine Seite erfasst; und besagte Seite hat, in gerader Linie gemessen, nicht mehr als zwölf Fuß aufzuweisen. Aber jede der andern Seiten ist ebenfalls zwölf Fuß lang; und das Ganze bildet offensichtlich ein Quadrat; und zwölf mal zwölf ist hundertundvierundvierzig. Und so ist eine angemessene Vorstellung von der Größe dieses

Kamins nur durch einen Schritt in die höhere Mathematik zu gewinnen, auf einem Wege, der jenen in etwa verwandt ist, auf denen man die überraschenden Entfernungen der Fixsterne errechnet.

Es braucht wohl kaum eigens gesagt zu werden, dass die Außenmauern meines Hauses von Feuerstellen völlig frei sind. Diese scharen sich alle um die Mitte – um den einen, großartigen, zentralen Kamin, welcher an allen vier Seiten Herde aufweist – zwei Ränge von Herden –, so dass meine Familie und die Gäste, wenn sie sich an einem kalten Winterabend in ihren verschiedenen Kammern kurz vor dem Schlafengehen wärmen, alle ihre Gesichter, auch wenn sie es zur Zeit nicht wissen, einander wechselseitig zukehren, ja mit allen ihren Füßen auf einen einzigen Mittelpunkt hinweisen; und wenn sie in ihren Betten einschlummern, schlafen sie alle rund um einen einzigen Kamin, wie ebenso viele Irokesen in den Wäldern um ihren einzigen Haufen Glut. Und genau wie das Feuer den Indianern nicht nur zu ihrem Behagen dient, sondern auch dazu, die Wölfe und andere wilden Ungeheuer fernzuhalten, so hält auch mein Kamin mit seiner weithin sichtbaren Rauchfahne herumlungernde Einbrecher aus den Städten fern – denn welcher Einbrecher oder Mörder würde es wagen, in eine Behausung einzudringen, aus deren Kamin ununterbrochen Rauch steigt – ein Zeichen, dass die Insassen sich vielleicht nicht rühren, aber wenigstens die Feuer, und dass im Falle eines Alarms Kerzen rasch entzündet wären – um von Musketen zu schweigen.

Doch so hoheitsvoll der Kamin auch ist – ja ein Hochaltar, würdig zur Feier des Hochamts vor dem Papste zu Rom und all seinen Kardinälen –, was ist auf dieser Welt vollkommen? Gaius Julius Cäsar – wäre er nicht so unmäßig groß gewesen – es heißt, Brutus, Cassius, Antonius und die Übrigen wären größer. Mein Kamin – wäre er nicht so mächtig in seiner Größe – meine Kammern wären geräumiger. Wie oft schon hat es mir meine Frau geklagt: Mein Kamin werfe wie der englische Adel rundum einen beengenden Schatten. Sie versichert, dass sich daraus im Haushalt endlose Unzukömmlichkeiten ergäben – insbesondere aus des Kamins eigensinniger Mittelstellung. Ihr großer Kummer ist, dass er mitten an der Stelle steht, wo eine prächtige Eingangshalle sein müsste. Freilich, das Haus hat überhaupt keine Halle – nichts als einen viereckigen Vorplatz, wo man durch die breite Haustür tritt. Zugegeben, einen hinreichend geräumigen Vorplatz; aber nichts, was an die Würde einer Halle reichte. Und da die Haustür genau in der Mitte der Fassade liegt, öffnet sie sich nach innen gegen den Kamin. Ja die gegenüberliegende Wand des Vorplatzes wird einzig vom Kamin gebildet und ist daher – infolge der allmählichen Verjüngung des Kamins – ein bisschen weniger als zwölf Fuß breit. In diesem Teil erklimmt die Haupttreppe den Kamin, welche über drei abrupte Wendungen und drei kleinere Absätze zum zweiten Stock hinaufsteigt, wo über der Haustür eine Art schmaler Galerie läuft, etwas weniger als zwölf Fuß lang, welche beiderseits zu Kammern führt. Diese Galerie hat natürlich ein Geländer; und so gleicht sie – die Treppe und all die Absätze samt dem Vorplatz miteinander überblickend – nicht wenig dem Balkon für die Musikanten in einer lustigen alten elisabethanischen Wohnstatt. Soll ich eine Schwäche verraten? Ich liebe die Spinnweben dort oben, hindere Biddy oft daran, sie mit dem Besen wegzufegen, und habe deswegen manchen Streit mit Frau und Töchtern.

Sozusagen die Decke des Raumes, wo man das Haus betritt – diese Decke ist eigentlich die Decke des zweiten Stockwerks, nicht die des ersten. Die beiden Stockwerke verschmelzen hier zu einem; so dass man beim Erklimmen der Wendeltreppe den Eindruck hat, in eine Art hochragenden Leuchtturm zu steigen. Beim zweiten Absatz, auf halber Höhe des Kamins, führt eine geheimnisvolle Tür in ein geheimnisvolles Kabinett; und hier bewahre ich geheimnisvolle Labsale von erlesenem, geheimnisvollem Aroma, das ihnen in ständiger Sättigung und stiller Reifung die durch die warme Masse des Mauerwerks sickernde milde Hitze des Kamins verleiht. Sie tut den Weinen besser als Seereisen nach West-Indien; mein Kamin ist selbst eine Tropengegend. An einem Novembertag tut ein Stuhl an meinem Kamin dem Invaliden so wohl wie ein langer Aufenthalt in Kuba. Oft stelle ich mir vor, wie hier Trauben reifen könnten. Wie knospen doch hier die Geranien meiner Frau! Knospen im Dezember! Auch die Eier – man kann sie nicht in der Nähe des Kamins bewahren – wegen seiner Brutwärme. Oh, das warme Herz meines Kamins!

Selber alt, schätze ich an den Dingen das Alter; hauptsächlich aus diesem Grunde liebe ich den alten Montaigne, alten Käse und alten Wein und scheue junge Leute, frische Brötchen, neue Bücher und frühe Kartoffeln; sehr zugetan bin ich meinem alten, klauenfüßigen Sessel, dem alten klumpfüßigen Dekan White, meinem Nachbarn, und jenem noch älteren Nachbarn, meinem krummen alten Weinstock, der an Sommerabenden, Geselligkeit suchend, seinen Ellenbogen an meinem Fensterbrett hereinlehnt, während ich den meinen aus dem Innern hinauslehne, mit ihm anzustoßen; und vor allem – allem weit voran – bin ich meinem hochsimsigen alten Kamin zugetan.

David Henry Thoreau

Mein Kamin

Am ersten September hatte ich über den Teich hin zwei oder drei kleine Ahornbäume gesehen, welche etwas unterhalb der Stelle, wo die weißen Espenstämme auseinanderwichen, nahe am Wasser gleichsam auf einem Vorgebirge standen und im schönsten Scharlachrot leuchteten. Ach, wie manche Geschichte erzählte ihre Farbe! Von Woche zu Woche kam allmählich der Charakter jedes Baumes mehr zum Vorschein, und sich selbst bewundernd blickten alle in den glatten Spiegel des Sees. Jeden Morgen ersetzte der Direktor dieser Galerie ein altes Bild an der Wand durch ein neues, das noch vollendeter war an Leuchtkraft und Farbenharmonie.

Wespen kamen im Oktober zu Tausenden nach meiner Hütte, als ob hier ihr Winterquartier sei. Sie ließen sich innen an den Fenstern und oben an der Zimmerdecke nieder und schreckten nicht selten Besucher vom Eintritt ab. Morgens waren sie vor Kälte erstarrt, dann fegte ich einige von ihnen hinaus. Im Übrigen gab ich mir nicht viel Mühe, sie loszuwerden. Im Gegenteil, ich fühlte mich geehrt, dass sie mein Haus als passenden Zufluchtsort betrachteten. Sie belästigten mich niemals ernstlich, obwohl sie bei mir im Bette schliefen. Allmählich verschwanden sie in – wer weiß welchen – Spalten, um dem Winter und der unsäglichen Kälte zu entgehen.

Wie die Wespen pflegte ich, bevor ich definitiv Winterquartier im November bezog, die Nordostseite des Walden zu besuchen. Sonnenstrahlen, die von dem Pechtannenwald und vom steinigen Ufer zurückgeworfen wurden, bildeten hier gleichsam den Kamin des Teiches. Es ist angenehmer und gesünder, sich so lange wie möglich von der Sonne anstatt von einem künstlichen Feuer wärmen zu lassen. So wärmte ich mich denn an der noch glühenden Asche, die der Sommer – wie ein Jäger, der fortzog – zurückgelassen hatte. Als ich mit dem Bau meines Kamins begann, studierte ich das Maurerhandwerk. Da meine Ziegelsteine aus zweiter Hand gekauft waren, mussten sie zunächst mit einer Mauerkelle gereinigt werden. Ich gewann dadurch genauere Kenntnisse über die Qualität der Ziegel und Mauerkellen, als man durchschnittlich besitzt. Der Mörtel an den Steinen war fünfzig Jahre alt und sollte angeblich noch immer härter werden. Das ist jedoch nur eine jener Phrasen, die von den Menschen mit Vorliebe nachgeplappert werden, einerlei ob sie wahr sind oder nicht. Doch abgesehen davon: Ich war erstaunt über die eigenartige Stärke des Stahls der Maurerkelle, der so viele energische Hiebe austeilen konnte, ohne sich abzunutzen. Da meine Ziegelsteine zuvor bei einem Kamin verwendet waren (Nebukadnezars Name war allerdings nicht auf ihnen eingemeißelt), suchte ich aus dem Vorrat möglichst viele Ziegel heraus, um Mühe und Verlust zu vermeiden, füllte die Räume zwischen den Ziegeln mit Steinen vom Teichufer aus und gebrauchte Teichsand zum Mörtel. Wegen ihrer großen Wichtigkeit für das Haus wurde diese Feuerstelle sehr bedachtsam gebaut. Ja, ich arbeitete recht langsam daran. Obwohl ich bereits frühmorgens mit dem Aufbau begann, konnte eine Reihe Ziegelsteine, die nur ein paar Zoll über den Boden sich erhob, mir während der Nacht als Kissen dienen. Soweit ich mich erinnern kann, bekam ich davon keinen steifen Hals. Der war schon älterer Herkunft. Um diese Zeit wohnte nämlich vierzehn Tage lang ein Dichter bei mir, und da bot die Raumfrage die einzige und große Schwierigkeit. Er brachte sein Messer mit, obwohl ich selbst zwei besaß. Die pflegten wir zu reinigen, indem wir sie in die Erde stachen. In die Arbeit des Kochens teilte er sich mit mir. Es machte mir Freude, mein Werk allmählich so zweckentsprechend und festgefügt wachsen zu sehen, und ich dachte im Stillen: Was lange währt, wird gut und dauerhaft. Der Kamin ist gewissermaßen ein selbständiges Gebäude, das auf dem Erdboden steht und durch das Haus himmelwärts sich erhebt. Selbst wenn das Haus abgebrannt ist, steht er noch bisweilen da und dokumentiert seine Wichtigkeit und Unabhängigkeit. Der Kaminbau fand am Ausgang des Sommers statt. Jetzt war es November.

Der Nordwind hatte schon begonnen, den Teich abzukühlen, doch erst nach vielen Wochen war er damit fertig, denn der Walden ist sehr tief. Als ich anfing, abends ein Feuer anzumachen, zog der Rauch vorzüglich durch den Kamin ab, weil so viele Spalten zwischen den Brettern sich befanden. Dennoch verbrachte ich manch fröhlichen Abend in dem kühlen, luftigen Zimmer innerhalb der ungeglätteten, braunen Bretter und unter einer Decke, deren Balken noch mit Rinde bedeckt waren. Nachdem das Haus Bewurf erhalten hatte, machte es meinen Augen nicht mehr so viel Freude, obwohl ich gestehen muss, dass es wohnlicher geworden war. Sollte nicht jedes Zimmer, in welchem Menschen wohnen, so hoch sein, dass über ihren Häuptern eine leichte Dunkelheit herrscht, wo am Abend flackernde Schatten am Gebälk ihr Spiel treiben können? Solche Gebilde wirken auf die Stimmung und die Phantasie anziehender als Freskomalereien oder die kostbarsten Möbel. Jetzt erst, da ich mein Haus der Wärme und des Schutzes wegen benutzte, fing ich wirklich an, es zu bewohnen. Ich hatte ein paar eiserne Feuerböcke, welche verhinderten, dass brennende Holzscheite auf den Fußboden vor den Kamin glitten. Es tat mir wohl zu sehen, wie der Ruß sich an der Rückwand des Kamins niederschlug. Darum schürte ich das Feuer mit mehr Recht und mehr Befriedigung als gewöhnlich. Meine Wohnung war klein und ich konnte wohl kaum ein Echo darin unterhalten, doch da sie nur aus einem einzigen Zimmer bestand und fern von den Menschen lag, erschien sie größer. Alle Annehmlichkeiten des Hauses waren in einem Raum vereinigt, welcher zugleich Küche, Kammer, Empfangs- und Wohnzimmer war. So wurde mir die Summe all jener Befriedigung zuteil, welche Eltern und Kinder, Herr und Timer durch das Wohnen im Hause genießen. Cato sagt: Der Hausvater (*pater familias*) soll in seinem Landhaus haben: »*cellam oleariam, vinanam, dolia multa, uti ludeat caritatem expectare, et rei, et virtuti, et gloriae erit*«, d. h., »einen Öl- und Weinkeller und viele Fässer, damit er unbesorgt harten Zeiten entgegensehen kann. Das wird ihm Vorteil, Ehre und Ruhm eintragen.« Ich hatte in meinem Keller ein Fässchen Kartoffeln, ungefähr zwei Liter Erbsen, in denen der Kornwurm war, und im Speiseschrank ein wenig Reis, einen Krug Sirup und je einen halben Scheffel Roggen- und Maismehl.

Endlich setzte der Winter ernstlich ein. Gerade als ich meinen Bewurf beendet hatte, begann der Wind um das Haus herum zu heulen, als ob ihm dazu bislang die Erlaubnis verweigert worden sei. In jeder Nacht kamen die Wildgänse mit hellem Geschrei und pfeifendem Flügelschlag in der Dunkelheit herbeigepoltert, selbst als ringsum Schnee lag. Einige ließen sich auf dem Walden nieder, andere flogen dicht über den Baumwipfeln, um über Fair Haven nach Mexiko zu wandern. Manchmal hörte ich, wenn ich um zehn oder elf Uhr nachts vom Dorf heimkehrte, hinter meinem Haus die Tritte einer Schar Wildgänse oder auch Enten auf dem dürren Laub, nicht weit von einer kleinen Wasserlache, zu welcher sie gekommen waren, um zu fressen. Auch das leise »Honk« oder »Quack« des Führers konnte ich hören, wenn sie weiterflogen. Anno 1845 fror Walden in der Nacht vom 22. Dezember gänzlich zu, während Flints Teich, andere seichtere Gewässer und der Fluss bereits seit zehn Tagen oder noch länger mit Eis bedeckt waren. 1846 am 16. und 1849 am 31., 1850 ungefähr am 27. Dezember, 1852 am 5. Januar, 1853 am 31. Dezember. Der Schnee bedeckte bereits seit dem 25. November den Erdboden und umgab mich plötzlich mit einer Winterlandschaft. Ich zog mich jetzt tiefer in mein Gehäuse zurück und suchte im Innern meiner Hütte und meiner Brust ein helles Feuer zu unterhalten. Außer dem Hause beschäftigte ich mich nunmehr damit, dürres Holz im Walde zu sammeln, das ich in meinen Händen oder auf den Schultern heimtrug. Bisweilen schleppte ich auch unter jedem Arm einen abgestorbenen Tannenbaum nach meinem Unterschlupf. Ein alter Waldzaun, der seine besten Tage hinter sich hatte, war mein bester Lieferant. Ich opferte ihn dem Vulkan, denn dem Gotte Terminus konnte er nicht mehr dienen. Doch wie sehr gewinnt das Abendessen für den Menschen an Bedeutung, der noch soeben im Schnee sein Feuerholz zum Kochen aufstöberte, ja, man kann sagen, stahl! Wie köstlich munden ihm Brot und Fleisch! Es gibt genug Reisig und Holzreste aller Art in den Wäldern, um viele Feuer zu unterhalten. Aber diese Dinge dienen nicht dazu, die Menschen zu wärmen, sondern hindern nur, wie man vielfach annimmt, das Wachstum des jungen Holzes. Auch gab es Treibholz im Teiche. Während des Sommers hatte ich ein Floß aus Pechtannenstämmen, an denen noch die Rinde saß, entdeckt. Iren, die beim Eisenbahnbau beschäftigt waren, hatten es gezimmert. Ich zog es teilweise auf den Ufersand. Nachdem es zwei Jahre lang im Wasser und dann sechs Monate lang am Ufer gelegen hatte, war das Holz desselben noch vollkommen gesund, aber so sehr mit Wasser durchtränkt, dass an ein Austrocknen nicht mehr zu denken war. An einem Wintertage machte ich mir beim Schlittschuhlauf ein Vergnügen daraus, das Floß stückweise über den Teich gleiten zu lassen: das eine Ende eines ungefähr fünfzehn Fuß langen Stammes ruhte dabei auf meiner Schulter, das andere vor mir auf dem Eise. Bisweilen band ich mehrere Stämme mit einem Birkenreis zusammen und zog sie an einer längeren Birke oder Erle, welche an einem Ende einen Haken hatte, über die Eisfläche. Obwohl sie mit Wasser durchtränkt und fast so schwer wie Blei waren, brannten sie nicht nur lange, sondern gaben auch starke Hitze. Ja, ich glaube, dass sie wegen ihres Wassergehaltes besser, und da das Pech, gerade wie bei einer Lampe, unter Abschluss sich befand, auch länger brannten.

Gilpin erzählt in seinem Bericht über englische Waldanwohner, dass »die Leute, welche gesetzwidrig fremde Wälder betraten, Häuser und Zäune am Waldesrande errichteten, sich gewaltsamer Eingriffe und einer groben Verletzung des alten Waldrechtes schuldig machten, dass sie als *purprestures* schwer bestraft wurden, weil sie *ad terrorem terarum, ad nocumentum forestrae* usw. – zum Verscheuchen des Wildes und zur Zerstörung des Waldes – beitrugen«. Mir persönlich lag die Schonung des Waldes und Wildes mehr am Herzen als den Jägern und Holzfällern, ja so sehr, als ob ich »Lord Walden« selbst gewesen sei. Wenn irgendein Teil des Waldes niederbrannte oder unglücklicherweise durch meine Schuld dem Feuer zum Opfer fiel, so betrübte mich dieses Ereignis länger und tiefer als die Eigentümer. Ja, es stimmte mich auch traurig, wenn die Besitzer selbst den Wald fällten. Ich möchte nur wünschen, dass unsere Farmer beim Abforsten eines Waldes etwas von jener ehrfürchtigen Scheu empfinden würden, welche in den alten Römern sich regte, wenn sie einen heiligen Hain lichteten, dem Tageslicht preisgaben. Ich wünsche mit anderen Worten, dass unsere Farmer glauben möchten, der Wald sei einer Gottheit geweiht. Der Römer vollzog ein Sühnopfer und betete: Welchem Gott oder welcher Göttin auch immer du geweiht seist, o Hain – lass deine Gnade walten über mir, meiner Familie, meinen Nachkommen ...

Es ist bemerkenswert, wie hoch selbst heutzutage in diesem neuen Lande das Holz im Preise steht, und dass dieser Preis konstanter und allgemeiner verbreitet ist als der des Goldes. Trotz aller Entdeckungen und Erfindungen will kein Mensch einen Holzstoß missen. Holz ist für uns geradeso kostbar wie für unsere sächsischen und normannischen Vorfahren. Sie machten ihre Bogen daraus, wir unsere Gewehrkolben. Michaux berichtete vor mehr als dreißig Jahren, dass der Preis für Feuerholz in New York und Philadelphia »sich mit dem für das beste Holz in Paris bezahlten Preis beinahe deckt, ihn bisweilen sogar übersteigt, obwohl die gewaltige Metropole jährlich mehr als dreihunderttausend Klafter verbraucht und in einer Ausdehnung von dreihundert Meilen von bebauten Feldern umgeben ist«. In Concord steigt der Preis des Holzes beständig; immer handelt es sich nur darum, wie viel mehr in diesem Jahr als im Vorjahr bezahlt werden muss. Mechaniker und Handwerker, die persönlich durch keinen anderen Anlass in den Wald gelockt werden, finden sich unfehlbar ein, wenn Holz verauktioniert wird, ja, sie zahlen sogar eine große Summe für die Erlaubnis, nach dem Holzfäller Nachlese halten zu dürfen. Schon seit vielen Jahren versorgen sich die Menschen aus den Wäldern mit Brennholz und mit Materialien für ihre Kunsterzeugnisse. Jeder braucht ein paar Holzscheite aus dem Walde, um sich zu wärmen und um seine Nahrung zu kochen. Auch ich konnte ohne dieselben nicht fertig werden.

Jedermann blickt gewissermaßen mit Zuneigung auf seinen Holzstoß. Ich liebe es, den meinigen vor meinem Fenster zu haben, und je mehr Späne mich an meine angenehme Arbeit erinnern, desto besser. Ich besaß eine alte Axt, auf welche niemand Anspruch erhob. Mit ihr hackte ich von Zeit zu Zeit an Wintertagen an der Sonnenseite des Hauses auf den Stümpfen, die ich aus meinem Bohnenfeld gegraben hatte, herum. Wie mir mein Rosselenker damals beim Pflügen prophezeit hatte, wärmten sie mich zweimal: zuerst als ich sie hackte und dann, als ich sie ins Feuer legte. Mehr Wärme konnte kein Brennmaterial abgeben. Was übrigens die Axt anbetrifft, so hatte man mir geraten, sie beim Dorfschmied ausbessern zu lassen. Ich besserte aber den Schmied nicht auf, machte ihr selbst einen Nussbaumstiel aus dem Walde, so dass sie wieder gebrauchsfähig wurde. Sie war zwar stumpf, aber Griff und Schneide waren wohl ineinandergefügt.

Ein paar dicke Stücke mit Pech durchtränkten Tannenholzes waren ein großer Schatz. Es ist interessant, sich zu vergegenwärtigen, wie viel von dieser Feuernahrung noch in den Eingeweiden der Erde verborgen ist. In früheren Jahren hatte ich oft »Inspektionsreisen« über einen kahlen Hügelabhang hin gemacht, auf dem vor Zeiten ein Pechtannenwald stand. Die kräftigsten Wurzeln hatte ich dort herausgeholt. Sie sind nahezu unverwüstlich. Selbst die Stümpfe, die wenigstens dreißig bis vierzig Jahre alt waren, besaßen noch gesundes Mark, obwohl der Splint schon zu Pflanzenerde zerfallen war, wie durch die kreisförmigen Abschuppungen der dicken Rinde bewiesen wurde, die in gleicher Höhe mit dem Erdboden, etwa vier bis fünf Zoll vom Mark des Baumes entfernt, sich befanden. Mit Axt und Schaufel wurde diese Mine durchforscht und das markige Magazin, das so gelb wie Rindsfett aussieht oder einer Goldader tief unten in der Erde gleicht, weiter verfolgt. Gewöhnlich machte ich mein Feuer mit trockenen Blättern aus dem Walde an, die ich in großer Menge in meinem Schuppen angehäuft hatte, bevor der Schnee einsetzte. Der Holzhauer benutzt, wenn er im Walde wohnt, grüne feingespaltene Nussbaumspäne dazu. Hier und da verwandte ich auch diese. Wenn die Dorfbewohner jenseits des Horizontes ihre Feuer anzündeten, dann pflegte auch ich die verschiedenen wilden Bewohner des Waldentales durch einen rauchigen Strom aus meinem Kamin zu benachrichtigen, dass ich erwacht sei.

Hartes, grünes, frischgefälltes Holz entsprach, obwohl ich es nur wenig benutzte, meinem Zweck besser als irgendetwas anderes. Wenn ich an Winternachmittagen meinen Spaziergang machte, ließ ich nicht selten ein tüchtiges Feuer zurück. Kehrte ich dann nach drei bis vier Stunden heim, dann war es noch am Leben und glühte. Mein Haus war nicht leer, auch wenn ich fortgegangen war. Ich hatte gewissermaßen einen freundlichen Hausgeist zurückgelassen. Ich und das Feuer – wir wohnten hier zusammen, und gewöhnlich rechtfertigte mein Hausgeist das in ihn gesetzte Vertrauen. Einmal aber, als ich gerade beim Holzspalten beschäftigt war, dachte ich doch daran, einen Blick zum Fenster hinein zu tun, um zu sehen, ob das Haus nicht brenne. Das war das einzige Mal, soweit ich mich erinnern kann, wo ich in dieser Hinsicht wirklich besorgt war.

Und als ich hineinschaute, bemerkte ich, dass tatsächlich ein Funken aufs Bett geflogen war. Ich eilte sofort ins Haus und löschte das Feuer, das bereits ein Loch so groß wie meine Hand ins Bett hineingebrannt hatte. Mein Haus stand indessen an einem so sonnigen und geschützten Platze und das Dach war so niedrig, dass ich an Wintertagen fast täglich nur bis zur Mittagstunde heizte.

Die Maulwürfe nisteten in meinem Keller, knabberten jede dritte Kartoffel an und schufen sich dort ein warmes Bett aus einigen beim Bewurf übrig gebliebenen Haaren und aus Packpapier. Denn selbst die wildesten Tiere lieben Behaglichkeit und Wärme gerade so sehr wie die Menschen und überleben den Winter nur, weil sie sich so sorgfältig darauf vorbereiten. Einige meiner Freunde redeten so, als ob ich zum Erfrieren in den Wald gezogen sei. Das Tier macht sich nur ein Bett und wärmt dieses durch seinen eigenen Körper. Der Mensch aber, der das Feuer entdeckt hat, schließt Luft in einen größeren Raum ab und wärmt, anstatt sich selbst zu berauben, dieses Zimmer, macht es zu seinem Bett, in welchem er sich, ohne schwere Kleider zu tragen, bewegen kann. So schafft er sich eine Art Sommer mitten im Winter, ja, er lässt sogar das Licht herein und verlängert mit einer Lampe den Tag. So gehen wir ein paar Schritte über den Instinkt hinaus und gewinnen etwas Zeit für die schönen Künste. Ich war nicht selten den schneidendsten Winterstürmen lange Zeit ausgesetzt, so dass mein Körper zu erstarren begann. Sobald ich aber die freundliche Atmosphäre um mich fühlte, kehrten meine Kräfte schnell zurück, so dass ich mein Leben verlängern konnte. Selbst derjenige, der die schönste Wohnung besitzt, hat in dieser Hinsicht wenig vor den andern voraus. Auch ist es nicht nötig, darüber nachzudenken, auf welche Weise das Menschengeschlecht zugrunde gehen wird. Zu jeder Zeit kann ein noch etwas schärferer Luftzug aus Norden den Faden mit Leichtigkeit abschneiden. Wir rechnen nach irgendeinem kalten Wochentag oder nach einem starken Schneefall; ein etwas kälterer Freitag oder ein noch ärgeres Schneetreiben würde der irdischen Existenz des Menschen ein Ende bereiten.

Im nächsten Winter benutzte ich aus Sparsamkeit einen kleinen Kochofen, da ich ja nicht der Besitzer des Waldes war. Doch hielt sich das Feuer darin nicht so gut wie im offenen Kamin. Das Kochen war jetzt zum großen Teil kein poetisches Ereignis mehr, sondern ein chemischer Vorgang. In dieser Epoche der Kochöfen wird es bald vergessen sein, dass wir wie die Indianer unsere Kartoffeln in der Asche zu rösten pflegten. Der Ofen hat nicht nur Raum beansprucht und das Haus durchduftet – er hat auch das Feuer verborgen und darum in mir das Gefühl erweckt, als habe ich einen Freund verloren. Man kann immer ein Gesicht im Feuer sehen.

Roger-Pol Droit

Feuer im Kamin machen

Dieses simple Entzünden eines Feuers im Kamin sollte sein wie ein altes Ritual, dessen Bedeutung Ihnen entfallen ist. Sie kennen zwar ein paar Fallen, die es zu vermeiden gilt. Sagen Sie sich jedoch, dass Sie den Zweck dieser Handgriffe nicht mehr kennen. Sie wissen überhaupt nicht mehr, was es heißt, ein Feuer anzuzünden. Sogar warum dieser Vorgang Sie seit jeher so eigenartig berührt, Ihnen so faszinierend und tröstlich erscheint, haben Sie vergessen.

Also verfahren Sie wie immer, nur dass Sie sich diesmal dabei beobachten. Zunächst liegen Sie auf den Knien oder sitzen in der Hocke und bereiten die Feuerstelle vor, das heißt, Sie entfernen die Asche oder schieben sie beiseite, wobei Sie darauf achten, dass das Feuer genügend Platz hat und Sauerstoff bekommen kann. Am Anfang dürfen die Holzscheite nicht zu groß sein. Sie sollten sie anheben – durch Feuerböcke, einfache Ziegelsteine oder auch Holzstücke –, damit die Luft auch unter ihnen zirkulieren kann. Fügen Sie genügend kleine Hölzer hinzu – Zweige, Späne, das Holz von Obstkörben. Schneiden Sie alte Zeitungsstapel (besser Tageszeitungen als Zeitschriften, die schlechter brennen) in dicke Streifen oder drehen Sie ein paar Seiten zu Fidibussen. Verstopfen Sie damit aber nicht die Zwischenräume. Denken Sie an die Luft unter den Scheiten.

Zünden Sie einige Seiten an und setzen Sie diese kleine Fackel direkt in die Mitte. Die folgenden Minuten sind am interessantesten. Die Reaktion lässt nicht lange auf sich warten: Es knistert, Funken fliegen, dann folgt schweres Knacken. Dann das erste Zischen schwitzenden Holzes. Sobald das Papier verbrannt ist, kommt die Zeit der Ungewissheit und des Zweifels: Die Flammen verschwinden, Glut ist so gut wie gar nicht vorhanden, der einzige Hoffnungsschimmer ist dichter Rauch. Der steigt weiter auf und ist dicht, fast undurchdringlich. Das verbrannte Papier ist an den Rändern anfangs noch ein bisschen gerötet, dann verlöscht es ganz. Es überkommt Sie die Furcht, das Feuer würde nie angehen, irgendwo könnte sich ein Fehler eingeschlichen haben (feuchtes Holz, schlecht zusammengeknülltes Papier, zu stark oder zu wenig). Zwar wirkt alles wie sonst, Sie haben aber trotzdem Ihre Zweifel. Sie befürchten - absurder-, ungerechtfertigter-, unbegründeterweise -, das Unternehmen Feuermachen könnte scheitern.

Ihnen ist nicht klar, ob die Hitze oder die Unruhe dafür verantwortlich ist, dass Ihnen die Röte ins Gesicht steigt. Sie versuchen, der kläglichen Glut durch Pusten auf die Sprünge zu helfen, vergeblich. Der Rauch wird dichter, das Zischen lauter, aber das Feuer will noch immer nicht Fuß fassen. Sie fragen sich, ob Sie noch weiteres Papier hinzufügen oder das Ganze von vorn beginnen sollen. Sie haben noch immer Ihre Zweifel. Plötzlich schießen kleine, lebhafte, helle Flammen aus dem Rauch und vertreiben diesen im Handumdrehen. Als wäre das Feuer plötzlich explodiert. Nun können Sie verfolgen, wie es die Scheite von unten erfasst, sich ihrer bemächtigt, sie rot färbt. Alles wird gut.

Fragen Sie sich, was Sie eben noch so beunruhigt hat und was Sie jetzt als so tröstlich empfinden. Vielleicht die immer noch lebendige Erinnerung an die Zeit, als der Verlust des Feuers die Hölle bedeutete. Jede Flamme, die plötzlich emporzüngelte, bedeutete den magischen Sieg über die Nacht, den Hunger, die Kälte, den Tod.

Heinrich Böll

Blick ins Feuer

Dass die Axt im Haus den Zimmermann erspare, ist ein weitverbreiteter Irrtum; aber Spaß müsste es machen, seine eigene Grube zu haben; Mister O'Donovan in Dublin hat eine, wie viele O'Neills, Malloys, Dalys in Dublin sie haben; Mr. O'Donovan braucht an freien Tagen (und freie Tage gibt es genug) nur mit seinem Spaten den Bus Nr. 17 oder 47 zu besteigen und zu seiner Torfgrube hinauszufahren: Sixpence kostet ihn die Fahrt, ein paar Sandwiches und eine Kanne voll Tee hat er in der Tasche, und er kann in seinem eigenen Claim seinen Torf stechen; ein Lastwagen oder ein Eselskarren wird ihm den Torf in die Stadt hinunterbefördern. Sein Landsmann in anderen Grafschaften hat es leichter: Ihm wächst der Torf fast ins Haus, und auf den kahlen, grün-schwarz gestreiften Hügeln herrscht an sonnigen Tagen ein Treiben wie an Erntetagen: Hier wird geerntet, was Jahrhunderte der Feuchtigkeit zwischen nackten Felsen, Seen und grünen Weiden haben wachsen lassen: Torf, einziger natürlicher Reichtum eines Landes, das schon seit Jahrhunderten des Waldes beraubt ist, das sein tägliches Brot nicht immer gehabt hat, aber fast immer seinen täglichen Regen, und wenn es nur ganz wenig ist: eine winzige Wolke, die an strahlenden Tagen heransegelt und – halb im Scherz – ausgedrückt ist, so wie ein Schwamm ausgedrückt wird.

In großen Meilern trocknen die Klumpen dieses bräunlichen Kuchens hinter jedem Haus, oft wächst der Torfstapel über das Dach hinaus, und so ist eines immer gesichert: das Feuer im Kamin, die rote Flamme, die über die dunklen Klumpen leckt, helle Asche hinterlässt, leichte, geruchlose, fast wie Zigarettenasche: weiße Spitze an der schwarzen Brasil.

Das Kaminfeuer macht einen der am wenigsten sympathischen (und genauso wenig entbehrlichen) Gegenstände zivilisierter Geselligkeit überflüssig: den Aschenbecher; wenn der Gast die Zeit, die er im Haus verbracht hat, in Zigaretten zerstückelt im Aschenbecher hinterlassen hat, die Hausfrau diese stinkenden Schalen leer, bleibt immer noch der zähe, fast klebrige Dreck. Wunderlich genug, dass noch kein Psychologe die Niederungen der Psychologie erforscht und den Nebenzweig der Kippologie entdeckt hat, dann könnte die Hausfrau, wenn sie die zerstückelte Zeit einsammelt, um sie wegzuwerfen, sich an den Stummeln schadlos halten und sich ein wenig in Psychologie üben: Da liegen sie also, die nur halb gerauchten, brutal geknickten Zigarettenstummel dessen, der nie Zeit hat und vergebens mit seinen Zigaretten gegen die Zeit um Zeit kämpft – da hat Eros einen dunkelroten Rand auf dem Filter hinterlassen – der Pfeifenraucher die Asche seiner Gediegenheit: schwarz, krümelig, trocken – dort liegen die sparsame Reste des Kettenrauchers, der die Glut bis nahe an die Lippen herankommen lässt, bevor er die nächste Zigarette entzündet; leicht ließen sich da in den Niederungen der Psychologie wenigstens ein paar grobe Indizien sammeln als Nebenprodukte zivilisierter Geselligkeit. Wie gütig ist das Kaminfeuer, das alle Spuren verzehrt; nur Teetassen bleiben, ein paar Schnapsgläser, der rotglühende Kern im Kamin, um den herum der Hausherr von Zeit zu Zeit neue schwarze Torflumpen auftürmt.

Auch die sinnlosen Prospekte – für Eisschränke, Romreisen, »Goldene Bücher des Humors«, Autos und Eheanbahnungen –, dieser Strom, der mit Einwickelpapier, Zeitungen, Billetts, Briefumschlägen beängstigend anschwillt, hier kann er unmittelbar in Flamme verwandelt werden, ein paar Holzstücke dazu, die man beim Spaziergang am Strand auflas: den Splitter von einer Kognakkiste, einen Keil, der über Bord gespült wurde, ausgetrocknet, weiß und so sauber: Nur ein Zündholz an den Scheiterhaufen gehalten, und schon zügeln die Flammen hoch, und die Zeit, die Zeit zwischen fünf Uhr nachmittags und Mitternacht, ist so schnell von der ruhigen Flamme des Feuers verzehrt; man spricht leise miteinander; wer hier schreien würde, kann nur eines von beiden sein: krank oder lächerlich. Am Kaminfeuer kann man hier die europäische Schule schwänzen, während Moskau seit vier, Berlin seit zwei, selbst Dublin schon seit einer halben Stunde im Dunkeln liegt: Heller Schein liegt noch über der See, und der Atlantik trägt beharrlich Scholle um Scholle vom westlichen Vorwerk Europas weg; Geröll fällt ins Meer, lautlos tragen die Moorbäche dunkle europäische Erde in den Atlantik hinaus, in ihrem sanften Geplätscher schmuggeln sie krumenweise im Laufe von Jahrzehnten ganze Äcker hinaus in die offene See.

Die Schulschwänzer legen beklommen neuen Torf auf die Glut; sorgfältig geschichtete Brocken, die die mitternächtliche Dominopartie beleuchten sollen; langsam gleitet der Sucher über die Skala des Radioapparates, um die Uhrzeit abzufangen, aber nur Fetzen von Nationalhymnen werden aufgefischt: Noch ist Polen nicht verloren – die Königin gesegnet –, Maas und Memel, Etsch und Belt sind immer noch die Grenzen Deutschlands (das wird nicht gesagt und nicht gesungen, aber der unschuldigen Melodie sind diese Worte eingeprägt wie einer Drehorgelwalze) – immer noch hängen die Kinder des Vaterlands die Aristokraten an die Laterne; langsam glüht der grüne Sucher aus, und noch einmal leckt die Flamme am Torf hoch: Eine Stunde Zeit liegt dort noch aufgeschichtet: vier Torfklumpen über dem Glutkern; der tägliche Regen kommt heute spät, fast lächelnd, leise fällt er ins Moor, ins Meer.

Das Motorengeräusch der heimfahrenden Gäste entfernt sich auf Lichter zu, die im Moor verstreut liegen, an schwarzen Hängen, die schon im tiefen Schatten liegen, während es am Strand und über der See noch hell ist; langsam nur schiebt sich die Kuppel der

Dunkelheit auf den Horizont zu, schließt dann den letzten Spat im Gewölbe, aber immer noch nicht ist es ganz dunkel, während es am Ural schon wieder hell wird, Europa ist nur so breit wie eine kurze Sommernacht.

Axel Hacke

Entspannt Euch!

Kürzlich saß ich im Zug von Duisburg nach Gelsenkirchen, kein Zug der Deutschen Bahn, sondern der »Eurobahn«, also ein Konkurrenz-Unternehmen. Wir standen im Bahnhof, die Uhr schritt wie immer voran, der Zug fuhr nicht gleich los. Hinter mir saß ein Ehepaar. Der Mann nörgelte: Warum der Zug nicht fahre?

Aus dem Lautsprecher eine Stimme: »Wegen einer Zugkreuzung verzögert sich die Abfahrt um einen Moment.«

Der Mann: »Könnten se doch wenichstenz mal den Grund sagen.« Seine Frau: »Hat er doch. Zugkreuzung.« Der Mann: »Die müsste mal Konkurrenz kriegen, die Scheißbahn.« Seine Frau: »Dat is doch hier die Konkurrenz. Eurobahn. Kannze nich lesen?«

Egal. Der Zug fuhr los, der Mann beschwerte sich weiter, die ganze Fahrt lang rhabarberte er über dieses und jenes, Argumente waren nicht wichtig, es ging ihm ums Klagen. So ist das ja überall: Wo die Angehörigen anderer Völker einfach nur atmen, nölt der Deutsche zusätzlich. Gereiztheit ist sein Grundzustand, und wenn ihm das Nölen nicht reicht, schaltet er den Computer an und kotzt sich auf einer Internetseite aus, unter den Leserkommentaren zu einem Bericht über Uli Hoeneß vielleicht, zur Not auch bei der Wettervorhersage.

Vor zwei, drei Jahren hat der jüngst verstorbene frühere französische Widerstandskämpfer und Diplomat Stephane Hessel eine dünne Streitschrift unter dem Titel *Empört Euch!* veröffentlicht, ein Aufruf zum Widerstand gegen dieses und jenes. Mir wäre danach, ein Pamphlet namens *Entspannt Euch!* zu verfassen. Motto: Was wollt Ihr?! Wenn Euch schon in einem weitgehend wunderbar funktionierenden Land wie Deutschland nichts richtig passt, wie würde es Euch in Griechenland oder Italien gehen? Von anderen Kontinenten nicht zu reden.

Aber das klingt auch schon wieder so klagend. Wie Genörgel über Genörgel.

In Norwegen hat jetzt das Fernsehen acht Stunden lang nichts anderes gezeigt als ein flackerndes Kaminfeuer, also ein echtes jetzt: wie es langsam herunterbrannte, wieder neu mit Holz versorgt wurde und dann herrlich luderte und glohte, wie Edmund Stoiber sagen würde. Es war ein Quotenhit! Die Leute konnten ihre Augen nicht vom Feuer wenden, sie guckten und guckten.

Wie wäre es, man würde eine solche Sendung bei uns einführen? Einen Tag lang pro Woche zeigt das Fernsehen nur ein richtiges, immer wieder neu geschürtes Kaminfeuer. Nichts sonst. Interessanter als das gegenwärtige Programm wäre es ja allemal, und vielleicht würde es die Leute endlich zufrieden machen? Beruhigen. Enthysterisieren.

Vermutlich würde sich aber noch am selben Tag, mit Feuerbeginn, auch eine Debatte entzünden.

Die Linkspartei gibt eine Erklärung heraus. Kamine seien doch hierzulande nur im Besitz der Reichen, »das Bonzenfeuer« müsse weg. Die Grünen fordern eine Sondersteuer für Vielverbrenner sowie ein Streichholzpfand, die SPD einen einheitlichen Mindestlohn für Holzfäller und eine Reichenholzabgabe. Bayerische CSU-Abgeordnete lassen ihre Kinder nachts in Staatsforsten Holz für Bürokamine holen und bezahlen sie dafür; Horst Seehofer lässt zur Strafe die Betroffenen die Scheite wieder zu Bäumen zusammensetzen und zurückpflanzen. Die Kanzlerin wartet ab. Bei den Staatsanwaltschaften stapeln sich die Anzeigen gegen das TV-Feuer wegen Körperverletzung: Holzrauch sei noch ungesünder als Zigarettenqualm. In einigen Baumärkten findet man Pferdefleisch in Kaminholzgebinden. RTL produziert die Show *Deutschland sucht das Superfeuer*. Bei Sky werden die Flammen von Wolf-Christoph Fuss kommentiert. Alle ARD-Talkshows thematisieren die Frage »Deutschland am Kamin – wann geht uns das Holz aus?«. Das ZDF zeigt *Berge in Flammen* von Luis Trenker. »Glutbürger« wird Unwort des Jahres.

Wissen Sie, was das Haupt-Diskussionsthema in Norwegen war, nach der Sendung? Ob man Holzscheite besser mit der Rinde nach oben oder nach unten stapelt!

Ich lerne jetzt Norwegisch.

Kamingedichte

Mascha Kaléko

Herbstabend

Nun gönnt sich das Jahr eine Pause.
Der goldne September entwich.
Geblieben im herbstlichen Hause
Sind nur meine Schwermut und ich.

Verlassen stehn Wiese und Weiher,
Es schimmert kein Segel am See.
Am Himmel nur Wildgans und Geier
Verkünden den kommenden Schnee.

Schon rüttelt der Wind an der Scheune.
Im Dunkel ein Nachtkäuzchen schreit.
Ich sitze alleine beim Weine
Und vertreib mir die Jahreszeit ...

Im Gasthaus verlischt eine Kerze.
Verspätet spielt ein Klavier. –
Dem ist auch recht bange ums Herze.
Adagio in Moll – so wie mir.

Der Abend ist voller Gespenster,
Es poltert und knackt im Kamin.
Ich schließe die Läden am Fenster
Und nehme die Schlafmedizin.

Klabund

Das Mädchen

Man wacht des Morgens hold eratmend auf.
Die Sonne blinkt durch blasse Fensterscheiben.
Man wird in dieser Welt ein wenig bleiben.
Für Leben nimmt man manches Leid in Kauf.

Man zieht sich an. Man setzt sich zum Frühstück.
Dann geht man fröhlich in den Tag spazieren.
Nebel fällt. Und Schnee. Und es wird frieren.
Fröstelnd kehrt man in sein Haus zurück.

Am Kamin sitzt man im Dämmerschein.
Ein Mann ist plötzlich da und viele Kinder.
Eins ist schon Sekretär. So wird das Leben linder.
Dann kommt die Nacht und man schläft ein.

Heinz Erhardt

Am Kamin

Es gibt recht viele, die noch immer
vom englischen Kamine schwärmen.
Er kann so leidlich zwar das Zimmer –
doch ich mich nicht für ihn erwärmen.

Wenn ich vor solchem Möbel sitze –
ich muss das wirklich mal erwähnen –
so hab ich vorne große Hitze
und klappre hinten mit den Zähnen. –

Sitzt du jedoch bei mir ganz dicht,
legst um mich deinen lieben Arm,
dann gilt das, was ich sagte, nicht –
dann hab ich es auch hinten warm!

Joachim Ringelnatz

Es zwitschert eine Lerche im Kamin

Es zwitschert eine Lerche im Kamin,
Wenn du sie hörst.
Ein jeder Schutzmann in Berlin
Verhaftet dich, wenn du ihn störst.

Im Faltenwurfe einer Decke
Klagt ein Gesicht,
Wenn du es siehst.
Der Posten im Gefängnis schießt,
Wenn du als kleiner Sträfling ihm entfliehst.
Ich tät es nicht.

In eines Holzes Duft
Lebt fernes Land.
Gebirge schreiten durch die blaue Luft.
Ein Windhauch streicht wie Mutter deine Hand.
Und eine Speise schmeckt nach Kindersand.
Die Erde hat ein freundliches Gesicht,
So groß, dass man's von weitem nur erfasst.
Komm, sage mir, was du für Sorgen hast.
Reich willst du werden? – Warum bist du's nicht?

Christian Morgenstern

Herbstabend

Der Ofen schnauft als wie ein Hund im Traum.
Es fährt der Wind in seinen Schlund vom Raum ...

von Sternen fernen angeglüht, der Wind ...
Es lauscht ihm hebend mein Gemüt, ein Kind.

Er kommt wohl noch aus Abendluft daher,
in seinem Mantel hängt noch Duft vom Meer,

noch letztes Gold vom Sonnenrund am Saum ...
Der Ofen schnauft als wie ein Hund im Traum ...

Heinrich Heine

Altes Kaminstück

Draußen ziehen weiße Flocken
Durch die Nacht, der Sturm ist laut;
Hier im Stübchen ist es trocken,
Warm und einsam, stillvertraut.

Sinnend sitz ich auf dem Sessel,
An dem knisternden Kamin,
Kochend summt der Wasserkessel
Längst verklungne Melodien.

Und ein Kätzchen sitzt daneben,
Wärmt die Pfötchen an der Glut;
Und die Flammen schweben, weben,
Wundersam wird mir zu Mut.

Dämmernd kommt heraufgestiegen
Manche längst vergessne Zeit,
Wie mit bunten Maskenzügen
Und verblichner Herrlichkeit.

Schöne Fraun, mit kluger Miene,
Winken süßgeheimnisvoll,

Und dazwischen Harlekine
Springen, lachen, lustigtoll.

Ferne grüßen Marmorgötter,
Traumhaft neben ihnen stehn
Märchenblumen, deren Blätter
In dem Mondenlichte wehn.

Wackelnd kommt herbeigeschwommen
Manches alte Zauberschloss;
Hintendrein geritten kommen
Blanke Ritter, Knappentross.

Und das alles zieht vorüber,
Schattenhastig übereilt –
Ach! da kocht der Kessel über,
Und das nasse Kätzchen heult.

Matthias Claudius

Ein Lied hinter dem Ofen zu singen

Der Winter ist ein rechter Mann,
Kernfest und auf die Dauer;
Sein Fleisch fühlt sich wie Eisen an,
Und scheut nicht Süß noch Sauer.

War je ein Mann gesund, ist er's;
Er krankt und kränkelt nimmer,
Weiß nichts von Nachtschweiß noch Vapeurs
Und schläft im kalten Zimmer.

Er zieht sein Hemd im Freien an
Und lässt's vorher nicht wärmen;
Und spottet über Fluss im Zahn
Und Kolik in Gedärmen.

Aus Blumen und aus Vogelsang
Weiß er sich nichts zu machen,
Hasst warmen Drang und warmen Klang
Und alle warmen Sachen.

Doch wenn die Füchse bellen sehr,
Wenn's Holz im Ofen knistert,

Und um den Ofen Knecht und Herr
Die Hände reibt und zittert;

Wenn Stein und Bein vor Frost zerbricht
Und Teich' und Seen krachen;
Das klingt ihm gut, das hasst er nicht,
Denn will er sich tot lachen. –

Sein Schloss von Eis liegt ganz hinaus
Beim Nordpol an dem Strande;
Doch hat er auch ein Sommerhaus
Im lieben Schweizerlande.

Da ist er dann bald dort bald hier,
Gut Regiment zu führen.
Und wenn er durchzieht, stehen wir
Und sehn ihn an und frieren.

Barthold Heinrich Brockes

Winter-Vergnügen im Zimmer

Wann draußen die erstarrte Welt,
Mit scharfem Frost, der dunkle Winter schrecket,
Wenn schroffes Eis das harte Feld,
Mit rauen Schollen, drückt und decket,
Vergönnet mir des Schöpfers Güte,
Dass, mit Bequemlichkeit und ruhigem Gemüte,
Ich ein vergnüglich Feuer, in meinem Zimmer,
Den wärmenden Kamin mit Lust erleuchten seh.
Es steigt der regen Flammen Schimmer
Rot, gelb und weiß zugleich, hell-lodernd in die Höh;
Wovon durch jeden Sinn, der ihre Kraft verspüret,
Ich Freuden-voll erquickt werd' und gerühret.
Ich sehe die geteilten Spitzen,
Um für den scharfen Frost mich gleichsam zu beschützen,
Mit reger Emsigkeit sich aufwärts schwingen.
Ich fühle durch die starre Brust
Ein sanftes Wohl, und eine laue Lust
In meinen ganzen Körper dringen,
Und, was durch Kälte starr, erfrischen.
Ich hör' ein muntres Rauschen, zischen,

Ein durch die schnelle Loh erregtes Schallen,
Mit oftmals unterbrochnen Knallen,
Der in dem Holtz verschränkt- und schnell befreiten
Luft,
Wodurch, bald hier bald dort, gesprengte Funken
fliegen.
Ich rieche den gesunden Duft
Der fetten Fichten mit Vergnügen.
Es schmeckt bei dieser Zeit das holde Kraut der Tee,
Den ich in grüner Farb' in feinen Schälchen seh,
Den kalten Lippen wohl. Bald wärmt ein heißer Wein,
Voll süßer Säurlichkeit und Lust, Hand, Mund
und Magen.
Man sieht mit Lust zu Tische tragen
Kastanien, die süße Winter-Kost;
Und was der Anmut mehr, die auch im strengen Frost
Uns unser GOTT, der liebe Vater, schenkt.

Die Kinder stehen auch, vergnüget durch den Schein,
Und halten gegen's Feur, von ihrer kalten Hand
Die kleinen Finger, ausgespannt;
Wobei sie sich denn sonderlich ergetzen,
Wenn sie mit kindischem Gewühl
Ein Äpfelchen ans Feuer zu braten setzen.

Wenn ich sodann durchs Fenster seh,
Wie draußen alles voller Schnee,
Wie schwarz die Luft, wie scharf und kalt,
Und denke, wie bequem und gut der Aufenthalt,

Den mir des Schöpfers Güte gönnet,
So dank ich Ihm mit Recht: Ich denk auch öfters nach,
Wie wahr es sei, was jener sprach:
Von einer warmen Stub' in kalter Winters-Zeit:
Dass bloß ein Scheiben-Glas der Unterscheid,
Der gleichsam Afrika von Nova Zembla trennet.

GOTT gib, dass, so von mir, als meiner kleinen Herde,
Dein' Allmacht, wie gefühlt, auch so erkennet werde!
Und lass uns doch davor, o Vater! Dir allein
In öfterer Betrachtung dankbar sein!

Conrad Ferdinand Meyer

Die Füße im Feuer

Wild zuckt der Blitz. In fahlem Lichte steht
ein Turm.
Der Donner rollt. Ein Reiter kämpft mit seinem Ross,
Springt ab und pocht ans Tor und lärmt. Sein
Mantel saust
Im Wind. Er hält den scheuen Fuchs am Zügel fest.
Ein schmales Gitterfenster schimmert goldenhell
Und knarrend öffnet jetzt das Tor ein Edelmann ...

– »Ich bin ein Knecht des Königs, als Kurier geschickt
Nach Nîmes. Herbergt mich! Ihr kennt des Königs
Rock!«
– »Es stürmt. Mein Gast bist du. Dein Kleid, was
kümmert's mich?
Tritt ein und wärme dich! Ich sorge für dein Tier!«

Der Reiter tritt in einen dunkeln Ahnensaal,
Von eines weiten Herdes Feuer schwach erhellt,
Und je nach seines Flackerns launenhaftem Licht
Droht hier ein Hugenott im Harnisch, dort ein Weib,
Ein stolzes Edelweib aus braunem Ahnenbild ...

Der Reiter wirft sich in den Sessel vor dem Herd
Und starrt in den lebend'gen Brand. Er brütet, gafft ...
Leis sträubt sich ihm das Haar. Er kennt den Herd,
den Saal ...
Die Flamme zischt. Zwei Füße zucken in der Glut.

Den Abendtisch bestellt die greise Schaffnerin
Mit Linnen blendend weiß. Das Edelmägdlein hilft.
Ein Knabe trug den Krug mit Wein. Der Kinder Blick
Hangt schreckensstarr am Gast und hangt am Herd
entsetzt ...
Die Flamme zischt. Zwei Füße zucken in der Glut.
– »Verdammt! Dasselbe Wappen! Dieser selbe Saal!

Drei Jahre sind's ... Auf einer Hugenottenjagd
Ein fein, halsstarrig Weib ... ›Wo steckt der Junker?
Sprich!‹
Sie schweigt. ›Bekenn!‹ Sie schweigt. ›Gib ihn heraus!‹
Sie schweigt.
Ich werde wild. Der Stolz! Ich zerre das Geschöpf ...
Die nackten Füße pack ich ihr und strecke sie
Tief mitten in die Glut ... ›Gib ihn heraus!‹ ...
Sie schweigt ...
Sie windet sich ... Sahst du das Wappen nicht am Tor?
Wer hieß dich hier zu Gaste gehen, dummer Narr?
Hat er nur einen Tropfen Bluts, erwürgt er dich.«
Eintritt der Edelmann. »Du träumst! Zu Tische,
Gast ...«

Da sitzen sie. Die drei in ihrer schwarzen Tracht
Und er. Doch keins der Kinder spricht das Tischgebet.
Ihn starren sie mit aufgerissnen Augen an –
Den Becher füllt und übergießt er, stürzt den Trunk,
Springt auf: »Herr, gebet jetzt mir meine Lagerstatt!
Müd bin ich wie ein Hund!« Ein Diener leuchtet ihm,
Doch auf der Schwelle wirft er einen Blick zurück
Und sieht den Knaben flüstern in des Vaters Ohr ...
Dem Diener folgt er taumelnd in das Turmgemach.
Fest riegelt er die Tür. Er prüft Pistol und Schwert.
Gell pfeift der Sturm. Die Diele bebt. Die Decke stöhnt.
Die Treppe kracht .. . Dröhnt hier ein Tritt? ...
Schleicht dort ein Schritt? ...
Ihn täuscht das Ohr. Vorüberwandelt Mitternacht.
Auf seinen Lidern lastet Blei, und schlummernd sinkt
Er auf das Lager. Draußen plätschert Regenflut.
Er träumt. »Gesteh!« Sie schweigt. »Gib ihn heraus!«
Sie schweigt.
Er zerrt das Weib. Zwei Füße zucken in der Glut.
Aufsprüht und zischt ein Feuermeer, das ihn
verschlingt ...

– »Erwach! Du solltest längst von hinnen sein!
Es tagt!«
Durch die Tapetentür in das Gemach gelangt,
Vor seinem Lager steht des Schlosses Herr – ergraut,
Dem gestern dunkelbraun sich noch gekraust
das Haar.

Sie reiten durch den Wald. Kein Lüftchen regt
sich heut.
Zersplittert liegen Ästetrümmer quer im Pfad.
Die frühsten Vöglein zwitschern, halb im Traume
noch.
Friedsel'ge Wolken schwimmen durch die klare Luft,
Als kehrten Engel heim von einer nächt'gen Wacht.
Die dunkeln Schollen atmen kräft'gen Erdgeruch.
Die Ebne öffnet sich. Im Felde geht ein Pflug.

Der Reiter lauert aus den Augenwinkeln: »Herr,
Ihr seid ein kluger Mann und voll Besonnenheit
Und wisst, dass ich dem größten König eigen bin.
Lebt wohl. Auf Nimmerwiedersehn!« Der andre
spricht:
»Du sagst's! Dem größten König eigen! Heute ward
Sein Dienst mir schwer ... Gemordet hast du
teuflisch mir
Mein Weib! Und lebst! ... Mein ist die Rache,
redet Gott.«

Eduard Mörike

Ländliche Kurzweil

Um die Herbstzeit, wenn man abends
Feld und Garten gerne wieder
Tauschet mit dem wärmern Zimmer,
Bald auch schon den lang verschmähten
Ofen sieht mit andern Augen,
Jetzo noch zweideutigen:
Haben wir hier auf dem Lande
Noch die allerschönsten Stunden
Müßig halb und halb geschäftig
Plaudernder Geselligkeit.

Annette von Droste-Hülshoff

Gruß an Wilhelm Junkmann

Mein Lämpchen zuckt, sein Docht verglimmt,
Die Funken knistern im Kamine,
Wie eine Nebeldecke schwimmt
Es an des Saales hoher Bühne;
Im Schneegestöber schläft die Luft,
Am Scheite ist das Harz entglommen,
Mich dünkt, als spür' ich einen Duft
Wie Weihrauch an der Gruft des Frommen.

Dies ist die Stunde, das Gemach,
Wo sich Gedanken mögen wiegen,
Verklungne Laute hallen nach,
Es dämmert in verloschnen Zügen;
Im Hirne summt es, wie ein Lied,
Das mit den Flocken möchte steigen,
Und, flüsternd wie der Hauch im Ried,
An eines Freundes Locke neigen.

Schon seh' ich ihn, im gelben Licht,
Das seines Ofens Flamme spielet,
Er selbst ein wunderlich Gedicht,
Begriffen schwer, doch leicht gefühlet.
Ich seh' ihn, wie, die Stirn gestützt,

Er leise lächelt in Gedanken;
Wo weilen sie? Wo blühen itzt
Und treiben diese zarten Ranken?

Baun sie im schlichten Heidekraut
Ihr Nestchen sich aus Immortellen?
Sind mit der Flocke sie getaut
Als Träne, wo die Gräber schwellen?
Vielleicht in fernes, fernes Land
Wie Nachtigallen fortgezogen?
Oder am heil'gen Meeresstrand,
Gleich der Morgana auf den Wogen?

Ihm hat Begeistrung, ein Orkan,
Des Lebens Zedern nicht gebeuget,
Nicht sah er sie als Flamme nahn,
Die lodernd durch den Urwald steiget;
Nein, als entschlief der Morgenwind,
Am Strauche summten fromme Bienen,
Da ist der Herr im Säuseln lind
Gleich dem Elias ihm erschienen.

Und wie er sitzt, so vorgebeugt,
Die hohe Stirn vom Schein umflossen,
Das Ohr wie fremden Tönen neigt
Und lächelt geistigen Genossen,
Ein lichter Blitz in seinem Aug',
Wie ein verirrter Strahl aus Eden, –
Da möcht' ich leise, leise auch
Als Äolsharfe zu ihm reden.

Otto Julius Bierbaum

Am Kamin

Draußen bläst der Wind und fegt
Flocken an die Fensterscheiben,
Mürrisch patrouilliert der Mond
Hinter dicken Wolkenwällen.

Am Kamin sitz ich und stütze
Meine Füße auf das Gitter,
Und ich starre in die Gluten,
In das heiße, helle Sterben.

Wie die Flammenzungen zucken,
Diese roten Schlangenzungen;
Kleine blaue Flackerflämmchen
Beben wie erschrockene Seelen,
Und glutgoldene Flammenschwerter
Stoßen unablässig blitzend
In die leere Luft.

Hinter mir auf eichenem Tische
Singt der Samovar sein leises
Seufzerlied, auf dem Gesimse
Des Kamins tickt silbertönig

Die Pendüle; wie in Ängsten
Fegt die goldene Pendelscheibe
Hin und her.

Sinkt mir auf die Brust der Kopf,
Bebt's im Herzen mir wie Traum:
»Mai und Blüten, Mai und Blüten,
Erster Sang der Nachtigallen,
Zwischen duftenden Syringen
Haben wir die Nacht durchküsst –«

Haben ... wir ... die Nacht ... durchküsst ...

Aus dem tiefsten Herzen tauchen
Mir die Verse wie ein Träumen, –
Aber glaub' ich diesem Traume?

War es denn, das warme Leben
Mit den heißen, nahen Lippen?
War es denn?

Eis ist in mein Herz gefrostet,
Hartes Eis, hell wie Erfahrung,
Undurchdringlich starre Kruste,
Die kein Hoffen mehr durchbricht;
Schnee ist auf mein Haupt gefallen,
Schnee, den keine Sonne schmelzen,
Den kein Lenz verjagen wird.
Kalt und leer und stumm und farblos

Ist die ganze Welt mir worden,
Seit ich ihres Herzens Wärme
Nicht an meiner Brust mehr fühle,
Seit mir ihres Herzens Fülle
Nicht mehr lebt in tiefer Liebe,
Seit ihr Mund verstummt,
Der so innig sprach,
Seit ihr blaues Auge
Stier im Tode brach.

In den Flammen nur ist Leben.
Und dies Leben ist das heiße,
Jache, ungestüme Sterben.

Richard Dehmel

Rauch und Funken flüstern im Kamin

Rauch und Funken flüstern im Kamin:
Unruh ist, wo Feuergeister hausen,
Unruh, wo die kühlen Wolken ziehn -
horch, die halbentlaubten Pappeln brausen.
Horch - da legt sich das Gemurr der Flammen:
ein Weib nimmt all ihr Selbstgefühl zusammen:

Mir sagt der Geist, wir wollen Ruhe haben!
Und sperr ich dir den Weg zur Tat, nun gut:
du sollst nicht sagen, ich sei dein Wankelmut:
geh hin, sei frei! und nimm mein Hab und Gut
in deinen Dienst wie andre Freundesgaben! -
Was stehst du nun und staunst mich lächelnd an?
Lukas! - welch Rätsel bist du, Mann -

Sie will in seinen Augen lesen;
es blaut ein Glanz darin wie nie zuvor.
Die Flammen geistern hell und laut empor.
Ein Mann bekennt sein stillstes Wesen:

Ja, staun ihn an, den Mann – hier steht er, lacht,
der einst mit furchtbar heiligem Ernst gedacht:
ich bin bös gut, ich bin ein Geist,
an dem die Überlebten sterben,
verführt von ihm, sich vollends zu verderben,
damit der Weltlauf schneller kreist –
so macht sich der gebrechlichste Verbrecher
im Handumdrehn zum Richter und zum Rächer,
bis ihn die Welt in seine Schranken weist.
Das war's; drum hatt' ich Helfershelfer von Nöten.
Drum steh ich jetzt und beichte mit Erröten:
gewichtige Mittel zu nichtigen Zwecken,
das ist die Taktik der Gaukler und Gecken –
ein einzig' Fünkchen neue Tugend wecken
frommt mehr, als tausend alte Sünder töten.
Und bist du jetzt noch mein mit Hab und Gut,
dann, Fünkchen, hei: hell lacht die Glut!

Die Flammen murmeln eine Wunder-Erzählung:
zwei Geister feiern ihre Vermählung.

Walter Helmut Fritz

Eine solche Frage

Das offene Feuer,
wie es sich ausruhte
in der Nähe von Menschen.

Bei Läufen und Tänzen,
Hochzeit und Leichenbegräbnis
die Fackel.

Der Kienspan, Petroleum,
die Kerze, das Glühlicht.
Geschichte der Elektrizität.

Hat die Helligkeit zugenommen
seither? Eine solche Frage
stellt man doch nicht.

Geschichten für einen Kaminabend

Stefan Zweig

Die unsichtbare Sammlung

Eine Episode aus der deutschen Inflation

Zwei Stationen hinter Dresden stieg ein älterer Herr in unser Coupé, grüßte höflich und nickte mir dann, aufblickend, noch einmal ausdrücklich zu wie einem guten Bekannten. Ich vermochte mich seiner im ersten Augenblick nicht zu entsinnen; kaum er dann aber mit einem leichten Lächeln seinen Namen nannte, erinnerte ich mich sofort: Er war einer der angesehensten Kunstantiquare Berlins, bei dem ich in Friedenszeit öfter alte Bücher und Autographen besehen und gekauft. Wir plauderten zunächst von gleichgültigen Dingen. Plötzlich sagte er unvermittelt:

»Ich muss Ihnen doch erzählen, woher ich gerade komme. Denn diese Episode ist so ziemlich das Sonderbarste, was mir altem Kunstkrämer in den siebenunddreißig Jahren meiner Tätigkeit begegnet ist. Sie wissen wahrscheinlich selbst, wie es im Kunsthandel jetzt zugeht, seit sich der Wert des Geldes wie Gas verflüchtigt: Die neuen Reichen haben plötzlich ihr Herz entdeckt für gotische Madonnen und Inkunabeln und alte Stiche und Bilder; man kann ihnen gar nicht genug herzaubern, ja wehren muss man sich sogar, dass einem nicht Haus und Stube kahl ausgeräumt wird. Am liebsten kauften sie einem noch den Manschettenknopf vom Ärmel weg und die Lampe vom Schreibtisch. Da wird es nun eine immer härtere Not, stets neue Ware herbeizuschaffen - verzeihen Sie, dass ich für diese Dinge, die unsereinem sonst etwas Ehrfürchtiges bedeuten, plötzlich Ware sage -, aber diese üble Rasse hat einen ja selbst daran gewöhnt, einen wunderbaren Venezianer Wiegendruck nur als Überzug von soundso viel Dollars zu betrachten und eine Handzeichnung des Guercino als Inkarnation von ein paar Hundertfrankenscheinen. Gegen die penetrante Eindringlichkeit dieser plötzlichen Kaufwütigen hilft kein Widerstand. Und so war ich über Nacht wieder einmal ganz ausgepowert und hätte am liebsten die Rollladen heruntergelassen, so schämte ich mich, in unserem alten Geschäft, das schon mein Vater vom Großvater übernommen, nur noch erbärmlichen Schund herumkümmeln zu sehen, den früher kein Straßentrödler im Norden sich auf den Karren gelegt hätte.

In dieser Verlegenheit kam ich auf den Gedanken, unsere alten Geschäftsbücher durchzusehen, um einstige Kunden aufzustöbern, denen ich vielleicht ein paar Dubletten wieder abluchsen könnte. Eine solche alte Kundenliste ist immer eine Art Leichenfeld, besonders in jetziger Zeit, und sie lehrte mich eigentlich nicht viel: Die meisten unserer früheren Käufer hatten längst ihren Besitz in Auktionen abgeben müssen oder waren gestorben, und von den wenigen Aufrechten war nichts zu erhoffen. Aber da stieß ich plötzlich auf ein ganzes Bündel Briefe von unserm wohl ältesten Kunden, der mir nur darum aus dem Gedächtnis gekommen war, weil er seit Anbruch des Weltkrieges, seit 1914, sich nie mehr mit irgendeiner Bestellung oder Anfrage an uns gewandt hatte. Die Korrespondenz reichte – wahrhaftig keine Übertreibung! – auf beinahe sechzig Jahre zurück; er hatte schon von meinem Vater und Großvater gekauft, dennoch konnte ich mich nicht entsinnen, dass er in den siebenunddreißig Jahren meiner persönlichen Tätigkeit jemals unser Geschäft betreten hätte. Alles deutete darauf hin, dass er ein sonderbarer, altväterischer, skurriler Mensch gewesen sein musste, einer jener verschollenen Menzel- oder Spitzweg-Deutschen, wie sie sich noch knapp bis in unsere Zeit hinein in kleinen Provinzstädten als seltene Unika hier und da erhalten haben. Seine Schriftstücke waren Kalligraphika, säuberlich geschrieben, die Beträge mit dem Lineal und roter Tinte unterstrichen, auch wiederholte er immer zweimal die Ziffer, um ja keinen Irrtum zu erwecken: Dies sowie die ausschließliche Verwendung von abgelösten Respektblättern und Sparkuverts deuteten auf die Kleinlichkeit und fanatische Sparwut eines rettungslosen Provinzlers. Unterzeichnet waren diese sonderbaren Dokumente außer mit seinem Namen stets noch mit dem umständlichen Titel: Forst- und Ökonomierat a.D., Leutnant a.D., Inhaber des Eisernen Kreuzes erster Klasse. Als Veteran aus dem siebziger Jahr musste er also, wenn er noch lebte, zumindest seine guten achtzig Jahre auf dem Rücken haben. Aber dieser skurrile, lächerliche Sparmensch zeigte als Sammler alter Graphiken eine ganz ungewöhnliche Klugheit, vorzügliche Kenntnis und feinsten Geschmack: Wie ich mir so langsam seine Bestellungen aus beinahe sechzig Jahren zusammenlegte, deren erste noch auf Silbergroschen lautete, wurde ich gewahr, dass sich dieser kleine Provinzmann in den Zeiten, da man für einen Taler noch ein Schock schönster deutscher Holzschnitte kaufen konnte, ganz im Stillen eine Kupferstichsammlung zusammengetragen haben musste, die wohl neben den lärmend genannten der neuen Reichen in höchsten Ehren bestehen konnte. Denn schon was er bei uns allein in kleinen Mark- und Pfennigbeträgen im Laufe eines halben Jahrhunderts erstanden hatte, stellte heute einen erstaunlichen Wert dar, und außerdem ließ sich's erwarten, dass er auch bei Auktionen und anderen Händlern nicht minder wohlfeil gescheffelt. Seit 1914 war allerdings keine Bestellung mehr von ihm gekommen, ich jedoch wiederum zu vertraut mit allen Vorgängen im Kunsthandel, als dass mir die Versteigerung oder der geschlossene Verkauf eines solchen Stapels hätte entgehen können: so musste dieser sonderbare Mensch wohl noch am Leben oder die Sammlung in den Händen seiner Erben sein.

Die Sache interessierte mich, und ich fuhr sofort

am nächsten Tage, gestern Abend, direkt drauflos, geradeswegs in eine der unmöglichsten Provinzstädte, die es in Sachsen gibt; und wie ich so vom kleinen Bahnhof durch die Hauptstraße schlenderte, schien es mir fast unmöglich, dass da, inmitten dieser banalen Kitschhäuser mit ihrem Kleinbürgerplunder, in irgendeiner dieser Stuben ein Mensch wohnen sollte, der die herrlichsten Blätter Rembrandts neben Stichen Dürers und Mantegnas in tadelloser Vollständigkeit besitzen könnte. Zu meinem Erstaunen erfuhr ich aber im Postamt auf die Frage, ob hier ein Forst- oder Ökonomierat dieses Namens wohne, dass tatsächlich der alte Herr noch lebe, und machte mich – offen gestanden, nicht ohne etwas Herzklopfen – noch vor Mittag auf den Weg zu ihm.

Ich hatte keine Mühe, seine Wohnung zu finden. Sie war im zweiten Stock eines jener sparsamen Provinzhäuser, die irgendein spekulativer Maurerarchitekt in den sechziger Jahren hastig aufgekellert haben mochte. Den ersten Stock bewohnte ein biederer Schneidermeister, links glänzte im zweiten Stock das Schild eines Postverwalters, rechts endlich das Porzellantäfelchen mit dem Namen des Forst- und Ökonomierates. Auf mein zaghaftes Läuten trat sofort eine ganz alte, weißhaarige Frau mit sauberem schwarzem Häubchen auf. Ich überreichte ihr meine Karte und fragte, ob Herr Forstrat zu sprechen sei. Erstaunt und mit einem gewissen Misstrauen sah sie zuerst mich und dann die Karte an: In diesem weltverlorenen Städtchen, in diesem altväterischen Haus schien ein Besuch von außen her ein Ereignis zu sein. Aber sie bat mich freundlich zu warten, nahm die Karte, ging hinein ins Zimmer; leise hörte ich sie flüstern und dann plötzlich eine laute, polternde Männerstimme: ›Ah, der Herr R ... von Berlin, von dem großen Antiquariat ... soll nur kommen, soll nur kommen ... freue mich sehr!‹ Und schon trippelte das alte Mütterchen wieder heran und bat mich in die gute Stube.

Ich legte ab und trat ein. In der Mitte des bescheidenen Zimmers stand hochaufgerichtet ein alter, aber noch markiger Mann mit buschigem Schnurrbart in verschnürtem, halb militärischem Hausrock und hielt mir herzlich beide Hände entgegen. Doch dieser offenen Geste unverkennbar freudiger und spontaner Begrüßung widersprach eine merkwürdige Starre in seinem Dastehen. Er kam mir nicht einen Schritt entgegen, und ich musste – ein wenig befremdet – bis an ihn heran, um seine Hand zu fassen. Doch als ich sie fassen wollte, merkte ich an der waagerecht unbeweglichen Haltung dieser Hände, dass sie die meinen nicht suchten, sondern erwarteten. Und im nächsten Augenblick wusste ich alles: Dieser Mann war blind.

Schon von Kindheit an, immer war es mir unbehaglich, einem Blinden gegenüberzustehen, niemals konnte ich mich einer gewissen Scham und Verlegenheit erwehren, einen Menschen ganz als lebendig zu fühlen und gleichzeitig zu wissen, dass er mich nicht so fühlte wie ich ihn. Auch jetzt hatte ich ein erstes Erschrecken zu überwinden, als ich diese toten, starr ins Leere hineingestellten Augen unter den aufgesträubten weißbuschigen Brauen sah. Aber der Blinde ließ mir nicht lange Zeit zu solcher Befremdung, denn kaum dass meine Hand die seine berührte, schüttelte er sie auf das kräftigste und erneute den Gruß mit stürmischer, behaglich-polternder Art. ›Ein seltener Besuch‹, lachte er mir breit entgegen, ›wirklich ein Wunder, dass sich einmal einer der Berliner großen Herren in unser Nest verirrt ... Aber da heißt es vorsichtig sein, wenn sich einer der Herren Händler auf die Bahn setzt ... Bei uns zu Hause sagt man immer: Tore und Taschen zu, wenn die Zigeuner kommen ... Ja, ich kann mir's schon denken, warum Sie mich aufsuchen ... Die Geschäfte gehen jetzt schlecht in unserem armen, heruntergekommenen Deutschland, es gibt keine Käufer mehr, und da besinnen sich die großen Herren wieder einmal auf ihre alten Kunden und suchen ihre Schäflein auf ... Aber bei mir, fürchte ich, werden Sie kein Glück haben, wir armen, alten Pensionisten sind froh, wenn wir unser Stück Brot auf dem Tische haben. Wir können nicht mehr mittun bei den irrsinnigen Preisen, die ihr jetzt macht ... unsereins ist ausgeschaltet für immer.‹

Ich berichtigte sofort, er habe mich missverstanden, ich sei nicht gekommen, ihm etwas zu verkaufen, ich sei nur gerade hier in der Nähe gewesen und hätte die Gelegenheit nicht versäumen wollen, ihm als vieljährigem Kunden unseres Hauses und einem der größten Sammler Deutschlands meine Aufwartung zu machen.

Kaum hatte ich das Wort ›einer der größten Sammler Deutschlands‹ ausgesprochen, so ging eine seltsame Verwandlung im Gesichte des alten Mannes vor. Noch immer stand er aufrecht und starr inmitten des Zimmers, aber jetzt kam ein Ausdruck plötzlicher Helligkeit und innersten Stolzes in seine Haltung, er wandte sich in die Richtung, wo er seine Frau vermutete, als wollte er sagen: ›Hörst du‹, und voll Freudigkeit in der Stimme, ohne eine Spur jenes militärisch barschen Tones, in dem er sich noch eben gefallen, sondern weich, geradezu zärtlich, wandte er sich zu mir:

›Das ist wirklich sehr, sehr schön von Ihnen ... Aber Sie sollen auch nicht umsonst gekommen sein. Sie sollen etwas sehen, was Sie nicht jeden Tag zu sehen bekommen, selbst nicht in Ihrem protzigen Berlin ... ein paar Stücke, wie sie nicht schöner in der Albertina und in dem gottverfluchten Paris zu finden sind ... Ja, wenn man sechzig Jahre sammelt, da kommen allerhand Dinge zustande, die sonst nicht gerade auf der Straße liegen. Luise, gib mir mal den Schlüssel zum Schrank!‹

Jetzt aber geschah etwas Unerwartetes. Das alte Mütterchen, das neben ihm stand und höflich, mit einer lächelnden, leise lauschenden Freundlichkeit an unserem Gespräch teilgenommen, hob plötzlich zu mir bittend beide Hände auf, und gleichzeitig machte sie mit dem Kopfe eine heftige verneinende Bewegung, ein Zeichen, das ich zunächst nicht verstand. Dann erst ging sie auf ihren Mann zu und legte ihm leicht beide Hände auf die Schulter: ›Aber Herwarth‹, mahnte sie, ›du fragst ja den Herrn gar nicht, ob er jetzt Zeit hat, die Sammlung zu besehen, es geht doch schon auf Mittag. Und nach Tisch musst du eine Stunde ruhen, das hat der Arzt ausdrücklich verlangt. Ist es nicht besser, du zeigst dem Herrn alle die Sachen nach Tisch, und wir trinken dann gemeinsam Kaffee? Dann ist auch Annemarie hier, die versteht ja alles viel besser und kann dir helfen!‹

Und nochmals, kaum dass sie die Worte ausgesprochen hatte, wiederholte sie gleichsam über den Ahnungslosen hinweg jene bittend eindringliche Gebärde. Nun verstand ich sie. Ich wusste, dass sie wünschte, ich solle eine sofortige Besichtigung ablehnen, und erfand schnell eine Verabredung zu Tisch. Es wäre mir ein Vergnügen und eine Ehre, seine Sammlung besehen zu dürfen, aber dies sei mir kaum vor drei Uhr möglich, dann aber würde ich mich gern einfinden.

Ärgerlich wie ein Kind, dem man sein liebstes Spielzeug genommen, wandte sich der alte Mann herum. ›Natürlich‹, brummte er, ›die Herrn Berliner, die haben nie für was Zeit. Aber diesmal werden Sie sich schon Zeit nehmen müssen, denn das sind nicht drei oder fünf Stücke, das sind siebenundzwanzig Mappen, jede für einen anderen Meister und keine davon halb leer. Also um drei Uhr; aber pünktlich sein, wir werden sonst nicht fertig.‹

Wieder streckte er mir die Hand ins Leere entgegen. ›Passen Sie auf, Sie dürfen sich freuen – oder ärgern. Und je mehr Sie sich ärgern, desto mehr freue ich mich.

So sind wir Sammler ja schon: alles für uns selbst und nichts für die andern!‹ Und nochmals schüttelte er mir kräftig die Hand.

Das alte Frauchen begleitete mich zur Tür. Ich hatte ihr schon die ganze Zeit eine gewisse Unbehaglichkeit angemerkt, einen Ausdruck verlegener Ängstlichkeit. Nun aber, schon knapp am Ausgang, stotterte sie mit einer ganz niedergedrückten Stimme: ›Dürfte Sie … dürfte Sie … meine Tochter Annemarie abholen, ehe Sie zu uns kommen? … Es ist besser aus … aus mehreren Gründen … Sie speisen doch wohl im Hotel?‹

›Gewiss, ich werde mich freuen, es wird mir ein Vergnügen sein‹, sagte ich.

Und tatsächlich, eine Stunde später, als ich in der kleinen Gaststube des Hotels am Marktplatz die Mittagsmahlzeit gerade beendet hatte, trat ein ältliches Mädchen, einfach gekleidet, mit suchendem Blick ein. Ich ging auf sie zu, stellte mich vor und erklärte mich bereit, gleich mitzugehen, um die Sammlung zu besichtigen. Aber mit einem plötzlichen Erröten und der gleichen wirren Verlegenheit, die ihre Mutter gezeigt hatte, bat sie mich, ob sie nicht zuvor noch einige Worte mit mir sprechen könnte. Und ich sah sofort, es wurde ihr schwer. Immer, wenn sie sich einen Ruck gab und zu sprechen versuchte, stieg diese unruhige, diese flatternde Röte ihr bis zur Stirn empor, und die Hand verbastelte sich im Kleid. Endlich begann sie, stockend und immer wieder von neuem verwirrt:

›Meine Mutter hat mich zu Ihnen geschickt … Sie

hat mir alles erzählt, und ... wir haben eine große Bitte an Sie ... Wir möchten Sie nämlich informieren, ehe Sie zu Vater kommen ... Vater wird Ihnen natürlich seine Sammlung zeigen wollen, und die Sammlung ... die Sammlung ... ist nicht mehr ganz vollständig ... es fehlen eine Reihe Stücke daraus ... leider sogar ziemlich viele ...‹

Wieder musste sie Atem holen, dann sah sie mich plötzlich an und sagte hastig:

›Ich muss ganz aufrichtig mit Ihnen reden ... Sie kennen die Zeit, Sie werden alles verstehen ... Vater ist nach dem Ausbruch des Krieges vollkommen erblindet. Schon vorher war seine Sehkraft öfter gestört, die Aufregung hat ihn dann gänzlich des Lichtes beraubt – er wollte nämlich durchaus, trotz seiner sechsundsiebzig Jahre, noch nach Frankreich mit, und als die Armee nicht gleich wie 1870 vorwärtskam, da hat er sich entsetzlich aufgeregt, und da ging es furchtbar rasch abwärts mit seiner Sehkraft. Sonst ist er ja noch vollkommen rüstig, er konnte bis vor kurzem noch stundenlang gehen, sogar auf seine geliebte Jagd. Jetzt ist es aber mit seinen Spaziergängen aus, und da blieb als einzige Freude ihm die Sammlung, die sieht er sich jeden Tag an ... das heißt, er sieht sie ja nicht, er sieht ja nichts mehr, aber er holt sich doch jeden Nachmittag alle Mappen hervor, um wenigstens die Stücke anzutasten, eins nach dem andern, in der immer gleichen Reihenfolge, die er seit Jahrzehnten auswendig kennt ... Nichts anderes interessiert ihn heute mehr, und ich muss ihm immer aus der Zeitung vorlesen von allen Versteigerungen, und je höhere Preise er hört, desto glücklicher ist er ... denn ... das ist ja das Furchtbare, Vater versteht nichts mehr von den Preisen und von der Zeit ... er weiß nicht, dass wir alles verloren haben und dass man von seiner Pension nicht mehr zwei Tage im Monat leben kann ... dazu kam noch, dass der Mann meiner Schwester gefallen ist und sie mit vier kleinen Kindern zurückblieb ... Doch Vater weiß nichts von allen unseren materiellen Schwierigkeiten. Zuerst haben wir gespart, noch mehr gespart als früher, aber das half nichts. Dann begannen wir zu verkaufen – wir rührten natürlich nicht an seine geliebte Sammlung ... Man verkaufte das bisschen Schmuck, das man hatte, doch, mein Gott, was war das, hatte doch Vater seit sechzig Jahren jeden Pfennig, den er erübrigen konnte, einzig für seine Blätter ausgegeben. Und eines Tages war nichts mehr da ... wir wussten nicht weiter ... und da ... da ... haben Mutter und ich ein Stück verkauft. Vater hätte es nie erlaubt, er weiß ja nicht, wie schlecht es geht, er ahnt nicht, wie schwer es ist, im Schleichhandel das bisschen Nahrung aufzutreiben, er weiß auch nicht, dass wir den Krieg verloren haben und dass Elsass und Lothringen abgetreten sind, wir lesen ihm aus der Zeitung alle diese Dinge nicht mehr vor, damit er sich nicht erregt.

Es war ein sehr kostbares Stück, das wir verkauften, eine Rembrandt-Radierung. Der Händler bot uns viele, viele tausend Mark dafür, und wir hofften, damit auf Jahre versorgt zu sein. Aber Sie wissen ja, wie das Geld einschmilzt ... Wir hatten den ganzen Rest auf die Bank gelegt, doch nach zwei Monaten war alles weg. So mussten wir noch ein Stück verkaufen und noch eins, und der Händler sandte das Geld immer so spät, dass es schon entwertet war. Dann versuchten wir es bei Auktionen, aber auch da betrog man uns trotz den Millionenpreisen ... Bis die Millionen zu uns kamen, waren sie immer schon wertloses Papier. So ist allmählich das Beste seiner Sammlung bis auf ein paar gute Stücke weggewandert, nur um das nackte, kärglichste Leben zu fristen, und Vater ahnt nichts davon.

Deshalb erschrak auch meine Mutter so, als Sie heute kamen ... denn wenn er Ihnen die Mappen aufmacht, so ist alles verraten ... wir haben ihm nämlich in die alten Passepartouts, deren jedes er beim Anfühlen kennt, Nachdrucke oder ähnliche Blätter statt der verkauften eingelegt, so dass er nichts merkt, wenn er sie antastet. Und wenn er sie nur antasten und nachzählen kann (er hat die Reihenfolge genau in Erinnerung), so hat er genau dieselbe Freude, als wenn er sie früher mit seinen offenen Augen sah. Sonst ist ja niemand in diesem kleinen Städtchen, den Vater je für würdig gehalten hätte, ihm seine Schätze zu zeigen ... und er liebt jedes einzelne Blatt mit einer so fanatischen Liebe, ich glaube, das Herz würde ihm brechen, wenn er ahnte, dass alles das unter seinen Händen längst weggewandert ist. Sie sind der Erste in all diesen Jahren, seit der frühere Vorstand des Dresdner Kupferstichkabinetts tot ist, dem er seine Mappen zu zeigen meint. Darum bitte ich Sie ...‹

Und plötzlich hob das alternde Mädchen die Hände auf, und ihre Augen schimmerten feucht.

›... bitten wir Sie ... machen Sie ihn nicht unglücklich ... nicht uns unglücklich ... zerstören Sie ihm nicht diese letzte Illusion, helfen Sie uns, ihm glauben zu machen, dass alle diese Blätter, die er Ihnen beschreiben wird, noch vorhanden sind ... er würde es nicht überleben, wenn er es nur mutmaßte. Vielleicht haben wir ein Unrecht an ihm getan, aber wir konnten nicht anders: Man musste leben ... und Menschenleben, vier verwaiste Kinder, wie die meiner Schwester, sind doch wichtiger als bedruckte Blätter ... Bis zum heutigen Tage haben wir ihm ja auch keine Freude genommen damit; er ist glücklich, jeden Nachmittag drei Stunden seine Mappen durchblättern zu dürfen, mit jedem Stück wie mit einem Menschen zu sprechen. Und heute ... heute wäre vielleicht sein glücklichster Tag, wartete er doch seit Jahren darauf, einmal einem Kenner seine Lieblinge zeigen zu dürfen; bitte ... ich bitte Sie mit aufgehobenen Händen, zerstören Sie ihm diese Freude nicht!‹

Das war alles so erschütternd gesagt, wie es mein Nacherzählen gar nicht ausdrücken kann. Mein Gott, als Händler hat man ja viele dieser niederträchtig ausgeplünderten, von der Inflation hundsföttisch betrogenen Menschen gesehen, denen kostbarster jahrhundertealter Familienbesitz um ein Butterbrot weggegaunert worden war – aber hier schuf das Schicksal ein Besonderes, das mich besonders ergriff. Selbstverständlich versprach ich ihr, zu schweigen und mein Bestes zu tun.

Wir gingen nun zusammen hin – unterwegs erfuhr ich noch voll Erbitterung, mit welchen Kinkerlitzchen von Beträgen man diese armen, unwissenden Frauen betrogen hatte, aber das festigte nur meinen Entschluss, ihnen bis zum Letzten zu helfen. Wir gingen die Treppe hinauf, und kaum dass wir die Türe aufklinkten, hörten wir von der Stube drinnen schon die freudig-polternde Stimme des alten Mannes: ›Herein! Herein!‹ Mit der Feinhörigkeit eines Blinden musste er unsere Schritte schon von der Treppe vernommen haben.

›Herwarth hat heute gar nicht schlafen können vor Ungeduld, Ihnen seine Schätze zu zeigen‹, sagte lächelnd das alte Mütterchen. Ein einziger Blick ihrer Tochter hatte sie bereits über mein Einverständnis beruhigt. Auf dem Tische lagen ausgebreitet und wartend die Stöße von Mappen, und kaum dass der Blinde meine Hand fühlte, fasste er schon ohne weitere Begrüßung meinen Arm und drückte mich auf den Sessel.

›So, und jetzt wollen wir gleich anfangen – es ist viel zu sehen, und die Herren aus Berlin haben ja niemals Zeit. Diese erste Mappe da ist Meister Dürer und, wie Sie sich überzeugen werden, ziemlich komplett – dabei ein Exemplar schöner als das andere. Na, Sie werden ja selber urteilen, da sehen Sie einmal!‹ – er schlug das erste Blatt der Mappe auf – ›das große Pferd.‹

Und nun entnahm er mit jener zärtlichen Vorsicht, wie man sonst etwas Zerbrechliches berührt, mit ganz vorsichtig anfassenden schonenden Fingerspitzen der Mappe ein Passepartout, in dem ein leeres vergilbtes Papierblatt eingerahmt lag, und hielt den wertlosen Wisch begeistert vor sich hin. Er sah es an, minutenlang, ohne doch wirklich zu sehen, aber er hielt ekstatisch das leere Blatt mit ausgespreizter Hand in Augenhöhe, sein ganzes Gesicht drückte magisch die angespannte Geste eines Schauenden aus. Und in seine Augen, die starren mit ihren toten Sternen, kam mit einem Male – schuf dies der Reflex des Papiers oder ein Glanz von innen her? – eine spiegelnde Helligkeit, ein wissendes Licht.

›Nun‹, sagte er stolz, ›haben Sie schon jemals einen schöneren Abzug gesehen? Wie scharf, wie klar da jedes Detail herauswächst – ich habe das Blatt verglichen mit dem Dresdner Exemplar, aber das wirkte ganz flau und stumpf dagegen. Und dazu das Pedigree! Da‹ – und er wandte das Blatt um und zeigte mit dem Fingernagel auf der Rückseite haargenau auf einzelne Stellen des leeren Blattes, so dass ich unwillkürlich hinsah, ob die Zeichen nicht doch noch da waren –, ›da haben Sie den Stempel der Sammlung Nagler, hier den von Remy und Esdaile; die haben auch nicht geahnt, diese illustren Vorbesitzer, dass ihr Blatt einmal hierher in die kleine Stube käme.‹

Mir lief es kalt über den Rücken, als der Ahnungslose ein vollkommen leeres Blatt so begeistert rühmte, und es war gespenstisch mitanzusehen, wie er mit dem Fingernagel bis zum Millimeter genau auf alle die nur in seiner Phantasie noch vorhandenen unsichtbaren Sammlerzeichen hindeutete. Mir war die Kehle vor Grauen zugeschnürt, ich wusste nichts zu antworten; aber als ich verwirrt zu den beiden aufsah, begegnete ich wieder den flehentlich aufgehobenen Händen der zitternden und aufgeregten alten Frau. Da fasste ich mich und begann mit meiner Rolle.

›Unerhört!‹, stammelte ich endlich heraus. ›Ein herrlicher Abzug.‹ Und sofort erstrahlte sein ganzes Gesicht vor Stolz. ›Das ist aber noch gar nichts‹, triumphierte er, ›da müssen Sie erst die ‚Melancholia' sehen oder da die ‚Passion', ein illuminiertes Exemplar, wie es kaum ein zweites Mal vorkommt in gleicher Qualität. Da sehen Sie nur‹ – und wieder strichen zärtlich seine Finger über eine imaginäre Darstellung hin – ›diese Frische, dieser körnige, warme Ton. Da würde Berlin kopfstehen mit allen seinen Herren Händlern und Museumsdoktoren.‹

Und so ging dieser rauschende, redende Triumph weiter, zwei ganze geschlagene Stunden lang. Nein, ich kann es Ihnen nicht schildern, wie gespenstisch das war, mit ihm diese hundert oder zweihundert leeren Papierfetzen oder schäbigen Reproduktionen anzusehen, die aber in der Erinnerung dieses tragisch Ahnungslosen so unerhört wirklich waren, dass er ohne Irrtum in fehlloser Aufeinanderfolge jedes Einzelne mit den präzisesten Details rühmte und beschrieb:

Die unsichtbare Sammlung, die längst in alle Winde zerstreut sein musste, sie war für diesen Blinden, für diesen rührend betrogenen Menschen, noch unverstellt da und die Leidenschaft seiner Vision so überwältigend, dass beinahe auch ich schon an sie zu glauben begann. Nur einmal unterbrach schreckhaft die Gefahr eines Erwachens die somnambule Sicherheit seiner schauenden Begeisterung: Er hatte bei der Rembrandt'schen ›Antiope‹ (einem Probeabzug, der tatsächlich einen unermesslichen Wert gehabt haben musste) wieder die Schärfe des Druckes gerühmt, und dabei war sein nervös hellsichtiger Finger, liebevoll nachzeichnend, die Linie des Eindruckes nachgefahren, ohne dass aber die geschärften Tastnerven jene Vertiefung auf dem fremden Blatte fanden. Da ging es plötzlich wie ein Schatten über seine Stirne hin, die Stimme verwirrte sich. ›Das ist doch ... das ist doch die ‚Antiope'?‹, murmelte er, ein wenig verlegen, worauf ich mich sofort ankurbelte, ihm eilig das gerahmte Blatt aus Händen nahm und die auch mir gewärtige Radierung in allen möglichen Einzelheiten begeistert beschrieb. Da entspannte sich das verlegen gewordene Gesicht des Blinden wieder. Und je mehr ich rühmte, desto mehr blühte in diesem knorrigen, vermorschten Manne eine joviale Herzlichkeit, eine biederheitere Innigkeit auf. ›Da ist einmal einer, der etwas versteht‹, jubelte er, triumphierend zu den Seinen hingewandt. ›Endlich, endlich einmal einer, von dem auch ihr hört, was meine Blätter da wert sind. Da habt ihr mich immer misstrauisch gescholten, weil ich alles Geld in meine Sammlung gesteckt: Es ist ja wahr, in sechzig Jahren kein Bier, keinen Wein, keinen Tabak, keine Reise, kein Theater, kein Buch, nur immer gespart und gespart für diese Blätter. Aber ihr werdet einmal sehen, wenn ich nicht mehr da bin – dann seid ihr reich, reicher als alle in der Stadt und so reich wie die Reichsten in Dresden, dann werdet ihr meiner Narrheit noch einmal froh sein. Doch solange ich lebe, kommt kein einziges Blatt aus dem Haus – erst müssen sie mich hinaustragen, dann erst meine Sammlung.‹

Und dabei strich seine Hand zärtlich, wie über etwas Lebendiges, über die längst geleerten Mappen – es war grauenhaft und doch gleichzeitig rührend für mich, denn in all den Jahren des Krieges hatte ich nicht einen so vollkommenen, so reinen Ausdruck von Seligkeit auf einem deutschen Gesichte gesehen. Neben ihm standen die Frauen, geheimnisvoll ähnlich den weiblichen Gestalten auf jener Radierung des deutschen Meisters, die, gekommen, um das Grab des Heilands zu besuchen, vor dem erbrochenen, leeren Gewölbe mit einem Ausdruck fürchtigen Schreckens und zugleich gläubiger, wunderfreudiger Ekstase stehen. Wie dort auf jenem Bilde die Jüngerinnen von der himmlischen Ahnung des Heilands, so waren diese beiden alternden, zermürbten, armseligen Kleinbürgerinnen angestrahlt von der kindlichseligen Freude des Greises, halb in Lachen, halb in Tränen, ein Anblick, wie ich ihn nie ähnlich erschütternd erlebt. Aber der alte

Mann konnte nicht satt werden an meinem Lob, immer wieder häufte und wendete er die Mappen, durstig jedes Wort eintrinkend: So war es für mich eine Erholung, als endlich die lügnerischen Mappen zur Seite geschoben wurden und er widerstrebend den Tisch freigeben musste für den Kaffee. Doch was war dies mein schuldbewusstes Aufatmen gegen die aufgeschwellte, tumultuöse Freudigkeit, gegen den Übermut des wie um dreißig Jahre verjüngten Mannes! Er erzählte tausend Anekdoten von seinen Käufen und Fischzügen, tappte, jede Hilfe abweisend, immer wieder auf, um noch und noch ein Blatt herauszuholen: wie von Wein war er übermütig und trunken. Als ich aber endlich sagte, ich müsse Abschied nehmen, erschrak er geradezu, tat verdrossen wie ein eigensinniges Kind und stampfte trotzig mit dem Fuße auf, das ginge nicht an, ich hätte kaum die Hälfte gesehen. Und die Frauen hatten harte Not, seinem starrsinnigen Unmut begreiflich zu machen, dass er mich nicht länger zurückhalten dürfe, weil ich meinen Zug versäume.

Als er sich endlich nach verzweifeltem Widerstand gefügt hatte und es an den Abschied ging, wurde seine Stimme ganz weich. Er nahm meine beiden Hände, und seine Finger strichen liebkosend mit der ganzen Ausdrucksfähigkeit eines Blinden an ihnen entlang bis zu den Gelenken, als wollten sie mehr von mir wissen und mir mehr Liebe sagen, als es Worte vermochten. ›Sie haben mir eine große, große Freude gemacht mit Ihrem Besuch‹, begann er mit einer von innen her aufgewühlten Erschütterung, die ich nie vergessen werde. ›Das war mir eine wirkliche Wohltat, endlich, endlich, endlich einmal wieder mit einem Kenner meine geliebten Blätter durchsehen zu können. Doch Sie sollen sehen, dass Sie nicht vergebens zu mir altem, blindem Manne gekommen sind. Ich verspreche Ihnen hier vor meiner Frau als Zeugin, dass ich in meine Verfügungen noch eine Klausel einsetzen will, die Ihrem altbewährten Hause die Auktion meiner Sammlung überträgt. Sie sollen die Ehre haben, diesen unbekannten Schatz‹ – und dabei legte er die Hand liebevoll auf die ausgeraubten Mappen – ›verwalten zu dürfen bis an den Tag, da er sich in die Welt zerstreut. Versprechen Sie mir nur, einen schönen Katalog zu machen: er soll mein Grabstein sein, ich brauche keinen besseren.‹

Ich sah auf Frau und Tochter, sie hielten sich eng zusammen, und manchmal lief ein Zittern hinüber von einer zur andern, als wären sie ein einziger Körper, der da bebte in einmütiger Erschütterung. Mir selbst war es ganz feierlich zumute, da mir der rührend Ahnungslose seine unsichtbare, längst zerstobene Sammlung wie eine Kostbarkeit zur Verwaltung zuteilte. Ergriffen versprach ich ihm, was ich niemals erfüllen konnte; wieder ging ein Leuchten in den toten Augensternen auf, ich spürte, wie seine Sehnsucht von innen suchte, mich leibhaftig zu fühlen: Ich spürte es an der Zärtlichkeit, an dem liebenden Anpressen seiner Finger, die die meinen hielten in Dank und Gelöbnis.

Die Frauen begleiteten mich zur Tür. Sie wagten

nicht zu sprechen, weil seine Feinhörigkeit jedes Wort erlauscht hätte, aber wie heiß in Tränen, wie strömend voll Dankbarkeit strahlten ihre Blicke mich an! Ganz betäubt tastete ich mich die Treppe hinunter. Eigentlich schämte ich mich: Da war ich wie der Engel des Märchens in eine Armeleutestube getreten, hatte einen Blinden sehend gemacht für eine Stunde nur dadurch, dass ich einem frommen Betrug Helferdienst bot und unverschämt log, ich, der in Wahrheit doch als ein schäbiger Krämer gekommen war, um ein paar kostbare Stücke jemandem listig abzujagen. Was ich aber mitnahm, war mehr: Ich hatte wieder einmal reine Begeisterung lebendig spüren dürfen in dumpfer, freudloser Zeit, eine Art geistig durchleuchteter, ganz auf die Kunst gewandter Ekstase, wie sie unsere Menschen längst verlernt zu haben scheinen. Und mir war – ich kann es nicht anders sagen – ehrfürchtig zumute, obgleich ich mich noch immer schämte, ohne eigentlich zu wissen, warum.

Schon stand ich unten auf der Straße, da klirrte oben ein Fenster, und ich hörte meinen Namen rufen: Wirklich, der alte Mann hatte es sich nicht nehmen lassen, mit seinen blinden Augen mir in der Richtung nachzusehen, in der er mich vermutete. Er beugte sich so weit vor, dass die beiden Frauen ihn vorsorglich stützen mussten, schwenkte sein Taschentuch und rief: ›Reisen Sie gut!‹, mit der heiteren, aufgefrischten Stimme eines Knaben. Unvergesslich war mir der Anblick: dies frohe Gesicht des weißhaarigen Greises da oben im Fenster, hoch schwebend über all den mürrischen, gehetzten, geschäftigen Menschen der Straße, sanft aufgehoben aus unserer wirklichen widerlichen Welt von der weißen Wolke eines gütigen Wahns. Und ich musste wieder an das alte wahre Wort denken – ich glaube, Goethe hat es gesagt –: ›Sammler sind glückliche Menschen.‹«

Vladimir Nabokov

Ein Brief, der Russland nie erreichte

Du Bezaubernde, Liebe, Ferne, ich nehme an, dass Du in den mehr als acht Jahren unserer Trennung nichts vergessen haben kannst, wenn Du Dich sogar an den grauhaarigen, azurlivrierten Aufseher zu erinnern vermagst, der uns nicht im Geringsten kümmerte, wenn wir uns, die Schule schwänzend, an frostigen Petersburger Morgen im verstaubten, kleinen, so sehr einer verklärten Schnupftabaksdose gleichenden Suworow-Museum trafen. Wie heiß haben wir uns hinter dem Rücken eines Wachsgrenadiers geküsst! Und wenn wir dann später wieder hinaustraten aus dem antiken Staub, wie blendete uns da der Silberglanz des Tawrischewskij-Parks, und wie verblüffend war es, das fröhliche, gierige, ganz von unten kommende Grunzen der Soldaten zu hören, die auf Kommando losstürmten, über den vereisten Grund schlitterten und mitten auf einer Petersburger Straße einer Puppe mit deutschem Helm das Bajonett in den Strohbauch stießen.

Ja, ich weiß, dass ich Dir in meinem letzten Brief geschworen habe, die Vergangenheit und besonders die

Kleinigkeiten unserer gemeinsamen Vergangenheit nicht zu erwähnen, denn wir Exilschriftsteller sollten vornehme Zurückhaltung des Ausdrucks üben, während ich schon von der allersten Zeile an das Recht auf erhabene Unvollkommenheit verschmähe und mit Epitheta die Erinnerung betäube, an die Du mit so viel Leichtigkeit und Anmut gerührt hast. Nicht über die Vergangenheit, meine Liebe, möchte ich mit Dir sprechen.

Es ist Nacht. Nachts nimmt man mit besonderer Intensität die Unbeweglichkeit der Gegenstände wahr – einer Lampe, der Möbel, der Fotografien in ihren Rahmen auf dem Schreibtisch. Dann und wann würgt und gurgelt das Wasser in seinen verborgenen Leitungen, als ob dem Haus Seufzer in die Kehle stiegen. Nachts gehe ich spazieren. Der Widerschein der Straßenlaternen rinnt über den Berliner Asphalt, dessen Oberfläche einem schwarzen Schmierfilm gleicht, in dessen Vertiefungen Pfützen stehen. Hier und da glüht ein granatrotes Licht über einem Feuermelder. Eine Glassäule voller flüssigem gelbem Licht steht an der Straßenbahnhaltestelle, und aus unerklärlichem Grunde überkommt mich ein Gefühl der Wonne und Schwermut, wenn spät in der Nacht eine leere Elektrische vorbeirasselt, deren Räder in den Kurven kreischen. Durch die Scheiben kann man deutlich die Reihen hellbeleuchteter brauner Sitze sehen, zwischen denen sich ein einsamer Schaffner mit einer schwarzen Tasche an der Seite durcharbeitet und dabei ein wenig schwankt, weshalb er, wenn er sich entgegen der Fahrtrichtung voranbewegt, ein bisschen beschwipst aussieht.

Es macht mir Vergnügen, auf meinen Wanderungen durch schweigende, dunkle Straßen zu hören, wie jemand nach Hause kommt. Dieser Jemand selber ist in der Dunkelheit nicht zu sehen, und man weiß nicht im Voraus, welche Haustür zum Leben erwachen, welche mit knirschender Herablassung den Schlüssel annehmen, aufschwingen, durch das Gegengewicht gehalten zögern und zufallen wird; dann knirscht der Schlüssel erneut, diesmal von innen, und in den Tiefen hinter der Glastür hält sich eine wundervolle Minute lang ein sanfter Lichtschein.

Ein Auto rollt auf Säulen nassen Lichts vorüber. Es ist schwarz mit einem gelben Streifen unterhalb der Fenster. Barsch hupt es der Nacht ins Ohr, und sein Schatten gleitet mir unter den Füßen durch. Zu dieser Stunde ist die Straße völlig leer. Nur eine alte dänische Dogge, deren Krallen auf dem Gehsteig ein deutliches Geräusch machen, führt widerwillig ein lustloses, hübsches Mädchen ohne Hut, das einen aufgespannten Regenschirm über sich hält, spazieren. Wie sie unter der granatroten Glühbirne (zu ihren Linken, auf dem Feuermelder) hindurchgeht, rötet sich feucht eine einzelne straffe schwarze Bahn das Schirms.

Und um die Ecke, über dem Gehsteig – wer konnte das erwarten! – die diamantenüberrieselte Fassade eines Kinos. Im Innern sind auf rechteckiger mondbleicher Leinwand Schauspieler mit mehr oder weniger guter Ausbildung zu sehen: Das riesige Gesicht eines Mädchens mit grauen, schimmernden Augen und schwarzen, von glänzenden Rissen vertikal durchzogenen Lippen nähert sich immer mehr von der Leinwand her und wird, während es in den dunklen Saal blickt, immer größer, und eine wunderbare, lange, leuchtende Träne rinnt über eine Wange. Und gelegentlich (ein himmlischer Augenblick!) zeigt sich wahres Leben, dem nicht bewusst ist, dass es gefilmt wird: Menschengewimmel, gleißendes Wasser, ein geräuschlos, aber sichtbar rauschender Baum.

Etwas weiter, an der Ecke eines Platzes, geht eine dicke Hure im schwarzen Pelz auf und ab und hält bisweilen vor einem harsch beleuchteten Schaufenster, wo eine geschminkte Frau aus Wachs nächtlichen Bummlern ihr fließendes smaragdgrünes Kleid und die schillernde Seide ihrer pfirsichfarbenen Strümpfe vorführt. Es macht mir Spaß, diese sanfte, nicht mehr ganz junge Hure zu beobachten, wie sie von einem älteren Herrn mit Schnauzer angesprochen wird, der heute Morgen in Geschäften von Papenburg angereist kam (zuerst geht er an ihr vorbei, dann wirft er zwei Blicke zurück). Sie wird ihn ohne Hast auf ein Zimmer in einem nahen Gebäude führen, das sich untertags in nichts von anderen, ähnlich gewöhnlichen Gebäuden unterscheidet. Ein höflicher und teilnahmsloser alter Pförtner hält die Nacht über in der unbeleuchteten Eingangshalle Wacht. Am oberen Ende eines steilen Treppenhauses wird eine ebenso teilnahmslose alte Frau mit weiser Gleichgültigkeit ein unbewohntes Zimmer öffnen und Bezahlung dafür erhalten.

Und weißt Du auch, mit welch wundervollem Geratter der hell beleuchtete Zug mit all seinen lachenden Fenstern über die Brücke hoch über der Straße saust? Wahrscheinlich fährt er nicht weiter als in die Vororte, aber in diesem Augenblick ist das Dunkel unter den schwarzen Brückenbogen gefüllt mit derartig gewaltiger metallischer Musik, dass mir unwillkürlich jene sonnigen Länder vor Augen treten, die ich bereisen werde, wenn die hundert Mark, die mir fehlen und auf die ich leichten Herzens und frohen Mutes hoffe, beschafft sind.

Und frohen Mutes gönne ich mir sogar bisweilen das Vergnügen, den Paaren im nahen Tanzlokal beim Tanzen zuzusehen. Viele Mitemigranten ziehen voller Entrüstung (in die sich ein Fünkchen Vergnügen mischt) über die Scheußlichkeiten der Mode her, auch über die gerade im Schwange befindlichen Tänze. Doch die Mode ist immer eine Ausgeburt menschlichen Mittelmaßes, eines bestimmten Lebensstandards, egalitärer Vulgarität, und über sie herzuziehen heißt nur zuzugeben, dass die Mittelmäßigkeit etwas hervorbringen kann (handle es sich dabei nun um eine bestimmte Regierungsform oder eine neue Frisur), das es wert ist, sich darüber aufzuregen. Und selbstredend sind diese sogenannten modernen Tänze in Wirklichkeit alles andere als modern: Diese Manie geht bis auf die Tage des Direktoriums zurück, denn damals wie heute trugen die Frauen ihre Kleider auf der bloßen Haut und waren die Musikanten Neger. Der Atem der Mode geht durch die Jahrhunderte: In den kuppelförmigen Krinolinen um 1850 herum holte die Mode tief Luft, worauf prompt ein Ausatmen folgte: immer engere Röcke, immer engere Tänze. Unsere Tänze sind doch von schönster Natürlichkeit, auch recht unschuldig und manchmal – in den Ballsälen Londons – ganz bezaubernd in ihrer Monotonie. Wir erinnern uns doch wohl alle daran, was Puschkin über den Walzer schrieb: »monoton und verrückt«. Es ist immer das Gleiche. Und zum Verfall der Sitten ... Hör Dir an, was ich in D'Agricourts Memoiren gefunden habe: »Ich kenne nichts Lasterhafteres als das Menuett, das zu tanzen man in unseren Städten sich nicht entblödet.«

Und so macht es mir Spaß zuzusehen, wie in den hiesigen *cafés dansants* – um Puschkin noch einmal zu zitieren – »Paar auf Paar vorüberflattert«. Amüsant geschminkte Augen funkeln vor einfachem menschlichem Vergnügen. Schwarz behoste und hell bestrumpfte Beine berühren sich. Füße bewegen sich hier- und dorthin. Und die ganze Zeit wartet draußen vor der Tür meine anhängliche, meine einsame Nacht mit feuchten Spiegelungen, hupenden Wagen und Böen schnaubenden Winds.

In solch einer Nacht beging auf dem russisch-orthodoxen Friedhof weit draußen vor der Stadt eine siebzig Jahre alte Dame auf dem Grab ihres kürzlich verstorbenen Mannes Selbstmord. Der Zufall führte mich am Morgen darauf hin, und der Wärter, ein schlimm verkrüppelter Teilnehmer am Denikin-Feldzug, der sich auf Krücken fortbewegte, die bei jeder Pendelbewegung seines Körpers knarrten, zeigte mir das weiße Kreuz, an dem sie sich erhängte, und die gelben Strähnen, die noch am Strick (»nagelneu«, sagte er sanft) klebten, wo er gescheuert hatte. Am geheimnisvollsten und zauberhaftesten waren jedoch die halbmondförmigen Spuren ihrer Absätze, winzig wie die eines Kindes, auf dem feuchten Grund bei der Einfriedung. »Sie hat die Erde ein wenig zertrampelt, die Arme, aber davon abgesehen hat sie nichts in Unordnung gebracht«, stellte der Wächter ruhig fest, und als ich die gelben Haarsträhnen und die kleinen Abdrücke betrachtete, sah ich auf einmal das unschuldige Lächeln, das selbst im Tode noch aufscheinen kann. Und es ist sehr wohl möglich, mein Liebling, dass der eigentliche Anlass für diesen Brief der Wunsch ist, Dir von diesem leichten, sanften Ende zu erzählen. Und so hätte denn diese Berliner Nacht ihr Ergebnis gehabt.

Hör: ich bin rundum glücklich. Mein Glück ist eine Art Herausforderung. Auf meiner Wanderung durch die Straßen, über die Plätze und die Wege am Kanal entlang, wenn ich, ohne groß Notiz zu nehmen, die Lippen der Nässe durch meine durchgelaufenen Sohlen hindurch fühle, trage ich stolz mein unauslöschliches Glück mit mir. Jahrhunderte werden vergehen, und Schulkinder werden über der Geschichte unserer Umwälzungen gähnen; alles vergeht, aber mein Glück, mein Liebes, mein Glück wird weiterbestehen: in der feuchten Spiegelung einer Straßenlaterne, in der vorsichtigen Krümmung der steinernen Stufen, die in die schwarzen Wasser des Kanals hinabführen, im Lächeln eines tanzenden Paares, in allem, womit Gott die Einsamkeit des Menschen so großzügig umgibt.

Katherine Mansfield

Der Kanarienvogel

Sehen Sie den großen Nagel rechts von der Haustür? Selbst jetzt noch mag ich kaum hinschauen, und doch bring ich's nicht über mich, ihn rauszuziehen! Ich möchte gern denken, dass er immer dort bliebe, auch wenn ich nicht mehr da bin. Manchmal hör ich, wie die Leute, die nach mir hier wohnen, zueinander sagen: »Dort muss mal ein Käfig gehangen haben!« Und das tröstet mich; dann denke ich, er ist nicht ganz vergessen.

... Sie können sich nicht vorstellen, wie wunderschön er sang! Gar nicht wie andere Kanarienvögel. Und das bilde ich mir nicht etwa bloß ein. Vom Fenster aus habe ich oft gesehen, wie die Leute an der Gartenpforte stehen blieben, um ihm zuzuhören, oder wie sie sich beim Jasmin über den Zaun lehnten und eine ganze Zeit lang zuhörten, so hingerissen waren sie. Wahrscheinlich kommt es Ihnen verrückt vor – aber nicht, wenn Sie ihn gehört hätten –, doch mir schien es wirklich immer, dass er ganze Lieder sang – mit einem Anfang und einem Ende.

Wenn ich zum Beispiel am Nachmittag mit meiner Hausarbeit fertig war und eine andre Bluse angezogen hatte und meine Näharbeit hier auf die Veranda brachte, dann hüpfte er immer hopp-hopp-hopp von einer Stange auf die andre, klopfte gegen die Gitterstäbe, wie um meine Aufmerksamkeit auf sich zu lenken, nippte einen Schluck Wasser wie jeder Sänger und stimmte dann ein so herrliches Lied an, dass ich die Nadel sinken lassen musste, um ihm zuzuhören. Ich kann's nicht beschreiben – ich wollte, ich könnt's. Dabei ging's jeden Nachmittag so, und immer war mir, als hätte ich jeden Ton verstanden.

... Ich habe ihn geliebt! Und wie ich ihn geliebt habe! Vielleicht kommt es nicht so sehr darauf an, *was* man in dieser Welt liebt. Aber etwas lieben muss man. Natürlich hatte ich immer mein kleines Haus und den Garten, aber aus irgendeinem Grund genügte mir das nicht. Blumen haben ihre eigene, wundervolle Sprache, aber Mitgefühl kennen sie nicht.

Den Abendstern – den hab ich geliebt. Klingt Ihnen das töricht? Nach Sonnenuntergang bin ich immer in den Hof gegangen und hab auf ihn gewartet, bis er über dem dunklen Eukalyptus aufgegangen ist. Dann hab ich geflüstert: »Da bist du also, mein Guter!« Und genau in jenem ersten Moment schien er für mich allein zu leuchten. Er schien zu verstehen, was mich bewegte – etwas, was wie Sehnsucht und doch keine Sehnsucht war. Vielleicht Trauer – ja, eher wie Trauer. Aber weshalb denn Trauer? Es gibt vieles in meinem Leben, wofür ich dankbar sein muss.

... Doch nachdem *er* in mein Leben gekommen war,

vergaß ich den Abendstern. Ich brauchte ihn nicht mehr. Aber es war sonderbar. Als der Chinese, der immer an die Tür kommt und Vögel verkaufen will, ihn in seinem kleinen Käfig hochhielt, flatterte er nicht ängstlich herum, wie die armen kleinen Stieglitze, sondern er piepste nur einmal ganz leise, und ich – genau wie ich's dem Stern über dem Eukalyptus immer zugeflüstert hatte – sagte: »Da bist du also, mein Guter!« Von dem Augenblick an war er mein.

... Selbst jetzt in der Erinnerung wundert es mich, wie er und ich miteinander lebten. Sowie ich frühmorgens nach unten kam und das Tuch von seinem Käfig zog, begrüßte er mich mit einem schläfrigen kleinen Ton. Ich wusste, er meinte: ›Missie! Missie!‹ Dann hängte ich seinen Käfig draußen an den Nagel und machte für meine drei jungen Burschen das Frühstück zurecht, und ich holte ihn erst wieder herein, wenn wir das Haus ganz für uns allein hatten. Nachdem ich das Geschirr abgewaschen hatte, begann eine richtige kleine Vorstellung. Ich breitete auf der einen Tischecke eine Zeitung aus, und sowie ich den Käfig draufstellte, schlug er wie ein Verzweifelter mit den Flügeln, als wüsste er nicht, was käme. »Du bist ein richtiger kleiner Komödiant!«, schalt ich dann. Ich schrubbte den Einsatz, streute frischen Sand drüber, füllte sein Körner- und Futternäpfchen und klemmte etwas Vogelmiere und eine halbe Paprikaschote zwischen die Stäbe. Und ich bin ganz sicher, dass er jede Einzelheit dieser kleinen Prozedur begriff und schätzte. Er war nämlich von Natur überaus reinlich. Nie hat er seine Stange bekleckert. Und man musste nur sehen, wie er sein Bad genoss – dann wusste man sofort, dass er einen geradezu leidenschaftlichen Sauberkeitsfimmel hatte. Sein Bädchen kam immer zuletzt hinein. Und kaum hing es drin, da stürzte er sich förmlich hinein. Zuerst spreizte er den einen Flügel, dann den andern, dann tauchte er den Kopf ein und besprengte seine Brustfedern. Er hatte die ganze Küche voll Wassertropfen gespritzt, aber er wollte noch immer nicht heraus. Meistens sagte ich zu ihm: »Das genügt jetzt wirklich – du spielst dich nur auf!« Und endlich hüpfte er heraus, und auf einem Bein stehend, begann er sich trocken zu zupfen. Schließlich schüttelte er sich noch einmal, wippte und piepste und reckte die Kehle – oh, ich kann's kaum ertragen, daran zu denken. Es war immer die Zeit, in der ich die Messer putzte, und es schien mir fast, als sängen auch die Messer, wenn ich sie auf dem Brett blank rieb.

... Gesellschaft, verstehen Sie – das bedeutete er für mich. Eine einzigartige Gesellschaft! Wenn Sie allein gelebt haben, werden Sie einsehen, wie kostbar so etwas ist. Ich hatte natürlich meine drei jungen Burschen, die abends zum Essen kamen, und manchmal blieben sie hinterher im Esszimmer und lasen die Zeitung. Aber ich konnte nicht von ihnen erwarten, dass sie sich für die hunderterlei Kleinigkeiten interessierten, die zu meinem Alltag gehörten. Warum auch? Ich bedeutete ihnen ja nichts. Eines Abends hörte ich sogar, wie sie auf der Treppe von mir als der ›Vogelscheuche‹ sprachen. Macht nichts. Es machte mir nichts aus. Nicht ein bisschen. Ich versteh's gut. Sie sind jung. Warum sollte ich's übel nehmen? Aber ich erinnere mich, dass ich an jenem Abend besonders dankbar war, nicht ganz allein zu sein. Nachdem sie weggegangen waren, hab ich's ihm erzählt. Hab zu ihm gesagt: »Weißt du, wie sie deine Missie nennen?« Und er hat seinen Kopf auf die Seite gelegt und mich mit seinen glänzenden Äuglein angeschaut, bis ich lachen musste. Ihm schien es Spaß zu machen.

... Haben Sie sich je Vögel gehalten? Wenn nicht, dann muss Ihnen das alles vielleicht übertrieben vorkommen. Die Leute glauben immer, Vögel seien herzlos und kalt – nicht wie Hunde und Katzen. Meine Waschfrau, wenn die montags kam, wunderte sich, weshalb ich mir keinen ›netten Foxterrier‹ hielte, und sagte: »Ein Kanarienvogel kann einen doch nicht trösten, Miss!« Stimmt nicht. Stimmt überhaupt nicht! Ich kann mich an eine Nacht erinnern: Ich hatte einen furchtbaren Traum gehabt – Träume können schrecklich grausam sein –, und noch nachdem ich wach war, konnte ich ihn nicht abschütteln. Daher zog ich mir meinen Morgenrock über und bin in die Küche hinunter, ein Glas Wasser trinken. Es war eine Winternacht, und es regnete sehr. Vermutlich war ich noch halb im Schlaf, denn mir schien es, dass durchs Küchenfenster – es hatte keine Stores – die Finsternis hereinspähte und spionierte. Da fand ich es auf einmal unerträglich, dass ich niemanden hatte, dem ich hätte sagen können: »Mir hat was Furchtbares geträumt!« oder »Steh mir bei vor der Finsternis!« Eine Minute hab ich sogar die Hände vors Gesicht geschlagen. Und plötzlich hör ich ein kleines ›Piep! Piep!‹. Sein Käfig stand auf dem Tisch, und das Tuch war ein bisschen verrutscht, so dass ein Lichtspalt in den Käfig fiel. ›Piep! Piep!‹, sagte das liebe Kerlchen noch mal ganz leise, als wollt's mir sagen: ›Ich bin hier, Missie! Ich bin hier!‹ Und das hat mich so wunderbar getröstet, dass ich beinah geweint hätte.

... Und jetzt ist er nicht mehr da. Nie wieder will ich mir einen Vogel halten, auch kein andres Tier. Wie könnte ich wohl? Als ich ihn fand, wie er mit matten Augen und verkrampften Krällchen auf dem Rücken lag, und als ich begriff, dass mein kleiner Liebling nie wieder für mich singen würde, da war mir, als würde etwas in mir sterben. Mein Herz war ausgeleert, leer wie sein Käfig. Ich werd's verwinden. Natürlich. Ich muss ja. Mit der Zeit kann man alles verwinden. Und die Leute sagen immer, ich hätt eine fröhliche Gemütsart. Da haben sie ganz recht. Dafür bin ich Gott dankbar.

... Immerhin, auch ohne krankhaftes Grübeln und Nichtloskommen von – von Erinnerungen und dergleichen muss ich doch gestehen, dass das Leben was Trauriges zu haben scheint, finde ich. Es ist schwer zu sagen, was es eigentlich ist. Ich meine nicht den Kummer, den wir alle kennen: Krankheit und Armut und Sterben. Nein, es ist etwas anderes. Es ist da – tief innen ist es, ein Teil von einem selber – wie der eigene Atem. Und wenn ich mich noch so sehr abrackere und plage – sowie ich aufhöre mit der Arbeit, weiß ich, dass es da ist und wartet. Ich frage mich oft, ob alle Menschen das spüren. Man weiß ja nie. Aber ist es nicht seltsam, dass in all seinen fröhlichen kleinen Liedern es gerade das war – diese Trauer – oder was sonst –, was ich gehört habe?

Theodor Storm

Am Kamin

Ich werde Gespenstergeschichten erzählen! – Ja, da klatschen die jungen Damen schon alle in die Hände.«

»Wie kommen Sie denn zu Gespenstergeschichten, alter Herr?«

»Ich? – das liegt in der Luft. Hören Sie nur, wie draußen der Oktoberwind in den Tannen fegt! Und dann hier drinnen dies helle Kienäpfelfeuerchen!«

»Aber ich dächte, die Spukgeschichten gehörten gänzlich zum Rüstzeug der Reaktion?«

»Nun, gnädige Frau, unter Ihrem Vorsitz wollen wir es immer darauf wagen.«

»Machen Sie nicht solche Augen, alter Herr!«

»Ich mache gar keine Augen. Aber wir wollen Stühle um den Kamin setzen. – So! die Chaiselongue kann stehenbleiben. – Nein, Klärchen, nicht die Lichter ausputzen! Da merkt man Absicht, und ... etcetera.«

»So fang denn endlich einmal an!«

»In meiner Vaterstadt ...«

»Wart noch; ich will mich vor dem Kamin auf den Teppich legen und Kienäpfel zuwerfen.«

»Tu das! – Also, ein Arzt in meiner Vaterstadt hatte einen vierjährigen Knaben, welcher Peter hieß.«

»Das fängt sehr trocken an!«

»Klärchen, pass auf deine Kienäpfel! – Dem kleinen Peter träumte eines Nachts –«

»Ach – – Träumen!«

»Was Träumen? Meine Damen, ich muss dringend bitten. Soll ich an einer zurückgetretenen Spukgeschichte ersticken?«

»Das ist keine Spukgeschichte; Träumen ist nicht Spuken.«

»Halt den Mund, liebes Klärchen! – Wo war ich denn?«

»Du warst noch nicht weit.«

»Sßt! – Der Vater erwachte eines Nachts – still, Klärchen! – von dem ängstlichen Geschrei des Jungen, welcher neben seinem Bette schlief. Er nahm ihn zu sich und suchte ihn zu ermuntern, aber das Kind war gar nicht zu beruhigen. –›Was fehlt dir, Junge?‹ – ›Es war ein großer Wolf da, er war hinter mir, er wollte mich fressen.‹ – ›Du träumst ja, mein Kind!‹ – ›Nein, nein, Papa, es war ein wirklicher Wolf; seine rauen Haare sind an mein Gesicht gekommen.‹ – Er begrub den Kopf an seines Vaters Brust und wollte nicht wieder in sein Korbbettchen zurück. So schlief er endlich ein. Draußen vom Turme hörte der Doktor nach einiger Zeit eins schlagen.

Im Hause des Arztes lebte eine ältliche Schwester desselben, welche den kleinen Peter ganz besonders in ihr Herz geschlossen hatte. – Es war eigentlich eine Range, der Junge; in einer Abendgesellschaft bei seinen

Eltern hatte er uns einmal alle Sardellen von den Butterbrötchen weggefressen. Aber das tat der Liebe der Tante keinen Eintrag.

Am andern Morgen, als der Doktor aus seinem Schlafzimmer trat, war sie die Erste, die ihm begegnete. ›Denke dir, Karl, was mir geträumt hat!‹ –›Nun?‹ – ›Ich hatte mich in einen Wolf verwandelt und wollte den kleinen Peter fressen; ich trabte auf allen vieren, während der Junge schreiend vor mir herlief.‹ –›Hu! – Weißt du nicht, wie viel Uhr es gewesen?‹ – ›Es muss nach Mitternacht gewesen sein; genauer kann ich es nicht bestimmen.‹«

»Nun, und weiter, alter Herr?«

»Nichts weiter; damit ist die Geschichte aus.«

»Pfui! Die Tante ist ein Werwolf gewesen!«

»Ich kann versichern, dass sie eine vortreffliche Dame war. Aber, Klärchen, leg einmal Kienäpfel auf!«

»Ja – aber Träumen ist doch nicht Spuken –«

»Ärgere den alten Herrn nicht! Siehst du, ich weiß besser mit ihm umzugehen. Da erscheint der Trank, bei dem der selige Hoffmann seine Serapionsgeschichten erzählte. – Setzen Sie die Bowle vor den Kamin, Martin! – Es ist auch eine halbe Flasche Maraschino dazu, alter Herr!«

»Ich küsse Ihnen die Hand, gnädige Frau.«

»Das verstehen Sie ja gar nicht!«

»Ich kann das eigentlich nicht bestreiten. In meiner Heimat tut man nicht dergleichen; indessen, ich beginne wenigstens schon davon zu reden.«

»Trinken Sie lieber einmal! – Klärchen, damit du was zu tun hast, schenk einmal die Gläser voll!«

»Ich weiß nicht, meine Damen, ob Sie jemals durch die Marsch gefahren sind! Im Herbst und bei Regenwetter will ich es Ihnen nicht gewünscht haben; in trockner Sommerzeit aber kann es keinen besseren Weg geben, der feine graue Ton, aus welchem der Boden besteht, ist dann fest und eben, und der Wagen geht sanft und leicht darüber hin. Vor einigen Jahren führten mich Geschäfte nach der kleinen Stadt T. im nördlichen Schleswig, welche mitten in der nach ihr benannten Marsch liegt. Am Abend war ich in der Familie des dortigen Landschreibers. Nach dem Essen, als die Zigarren angezündet waren, gerieten wir unversehens in die Spukgeschichten, was dort eben nicht schwer ist; denn die alte Stadt ist ein wahres Gespensternest und noch voll von Heidenglauben. Nicht allein, dass allezeit ein Storch auf dem Kirchturm steht, wenn ein Ratsherr sterben soll; es geht auch nachts ein altes glasäugiges dreibeiniges Pferd durch die Straßen, und wo es stehen bleibt und in die Fenster guckt, wird bald ein Sarg herausgetragen. ›De Hel‹ nennen es die Leute, ohne zu ahnen, dass es das Ross ihrer alten Todesgöttin ist, welche selbst zugunsten des Klapperbeins seit lange den Dienst hat quittieren müssen. Von den mancherlei derartigen Gesprächen und Erzählungen jenes Abends ist mir indessen nur eine einfache Geschichte im Gedächtnis geblieben.«

»Es war vor etwa zehn Jahren« – so erzählte unser

Wirt –, »als ich mit einem jungen Kaufmann und einigen anderen Bekannten eine Lustfahrt nach einem Hofe machte, welcher dem Vater des Ersteren gehörte und durch einen sogenannten Hofmann verwaltet wurde. Es war das schönste Sommerwetter; das Gras auf den Fennen funkelte nur so in der Sonne, und die Stare mit ihrem lustigen Geschrei flogen in ganzen Scharen zwischen dem weidenden Vieh umher. Die Gesellschaft im Wagen, der sanft über den ebenen Marschweg dahinrollte, befand sich in der heitersten Laune; niemand mehr als unser junger kaufmännischer Freund. Plötzlich aber, als wir eben an einem blühenden Rapsfelde vorüberfuhren, verstummte er mitten im lebhaftesten Gespräch, und seine Augen nahmen einen so seltsamen glasigen Ausdruck an, wie ich ihn nie zuvor an einem lebenden Menschen gesehen hatte. Ich, der ich ihm gegenübersaß, ergriff seinen Arm und schüttelte ihn. ›Fritz, Fritz, was fehlt dir?‹, fragte ich. Er atmete tief auf; dann sagte er, ohne mich anzusehen: ›Das war mal eine schlimme Stelle!‹ – ›Eine schlimme Stelle? Es geht ja wie auf der Diele!‹ – ›Ja‹, entgegnete er, noch immer wie im Traum, ›es war doch nicht gut darüber wegzukommen.‹ – Allmählich ermunterte er sich, und sein Gesicht erhielt wieder Leben und Ausdruck; aber er wusste auf unsre Fragen keine andre Antwort zu geben. Dieses kleine Ereignis, was allerdings für den Augenblick die Stimmung etwas herabdrückte, war indessen, nachdem wir den Hof erreicht hatten, durch die Heiterkeit der Umgebung und unsre eigne Jugend bald vergessen. Wir ließen uns durch die alte Wirtschafterin den Kaffee in der Gartenlaube anrichten, wir gingen auf die Fennen, um die Ochsen zu besehen, und nachdem abends die mitgebrachten Flaschen in Gesellschaft des alten Hofmannes geleert waren, fuhren wir alle vergnügt, wie wir ausgefahren waren, wieder heim.

Acht Tage später war unser Freund des Nachmittags im Auftrage seines Vaters nach dem Hofe hinausgeritten. Am Abend kam sein Pferd allein zurück. Der alte Herr, der eben aus seinem L'hombre-Klub nach Hause gekommen war, machte sich sogleich mit allen seinen Leuten auf, um nach seinem einzigen Sohn zu suchen. Als sie mit ihren Handlaternen an jenes blühende Rapsfeld kamen, fanden sie ihn tot am Wege liegen. Was die Ursache seines Todes gewesen, vermag ich nicht mehr anzugeben.«

Und geht es noch so rüstig
Hin über Stein und Steg,
Es ist eine Stelle im Wege,
Du kommst darüber nicht weg.

»Aha! Unser poetischer Freund improvisiert.«

»Das nicht, Herr Assessor; der Vers ist schon gedruckt. Aber Klärchen scheint wieder mit meiner Geschichte nicht zufrieden zu sein; sie rührt mir gar zu ungeduldig in der Bowle.«

»Ich? – Da hast du ein Glas Punsch! – Ich sage schon gar nichts mehr.«

»Nun, so höre!«

»Mein Barbier – von dem hab ich diese Geschichte – ist der Sohn eines Tuchmachers. Als der Vater noch jung war, kam er eines Abends auf seiner Gesellenwanderung in eine kleine schlesische Stadt. Auf der Herberge erfuhr er, dass er bei einem der ältesten Meister in Arbeit treten könne. – ›Will nur hoffen, dass es mit dir Bestand haben wird‹, setzte der Herbergswirt hinzu. – ›Mit Gunst, Herr Vater‹, entgegnete der Gesell, ›traut Ihr mir nicht, oder fehlt es da wo im Hause bei den Meistersleuten?‹ – Der Wirt schüttelte den Kopf. – ›Was denn aber, Herr Vater?‹ – ›Es ist nur‹, sagte der Alte, ›seit die da drei Gesellen haben wollen, ist der dritte nach Monatsfrist allzeit wieder fremd geworden.‹

Unser Geselle ließ sich das nicht anfechten, sondern ging noch an demselben Abend zu seinem neuen Meister. Er fand ein paar alte Leute, die ihn freundlich ansprachen, und zur Stärkung nach der Wanderung ein solides bürgerliches Abendbrot. Als es Schlafenszeit war, führte der Meister ihn selbst durch einen langen Gang des Hintergebäudes in das obere Stockwerk und wies ihm dort seine Schlafkammer an. Das Gelass für die beiden andern Gesellen befinde sich unten; es sei aber darin nicht Platz für ein drittes Bett.

Als der Meister ihm gute Nacht gewünscht, stand der junge Mann noch einen Augenblick und horchte, wie sich die Schritte des Alten über die Treppe hinab entfernten und dann unten in dem langen Gange allmählich verloren. Hierauf besah er sich sein neues

Quartier. – Es war eine lange, äußerst schmale Kammer mit kahlen weißen Wänden; unten, die ganze Breite der Querwand einnehmend, stand das Bett; daneben ein kleiner Tisch und ein kleiner Stuhl aus Föhrenholz; das war die ganze Ausstattung. Das einzige, sehr hohe Fenster mit kleinen, in Blei gefassten Scheiben schien, soviel er bei dem Mondschein draußen erkennen konnte, nach einem großen Garten hinaus zu liegen. – Aber er hatte das alles mit schon träumenden Augen angesehen, und nachdem er sich unter das derbe Deckbett gestreckt und das Licht ausgelöscht hatte, fiel er bald in einen tiefen Schlaf.

Wie lange derselbe gedauert, konnte er später nicht angeben; er wusste nur, dass er durch ein Geräusch, das mit ihm in der Kammer war, auf eine jähe Art erweckt worden sei. Und bald hörte er deutlich ein Kehren wie mit einem scharfen Reisbesen, das von der Richtung des Fensters her allmählich sich nach der Tiefe der Kammer zu bewegte. Er richtete sich auf und blickte mit aufgerissenen Augen vor sich hin; die Kammer war fast helle vom Mondschein; die eine Wand war ganz davon beleuchtet; aber er vermochte nichts zu sehen als den völlig leeren Raum.

Plötzlich, und ehe es noch ganz in seine Nähe gekommen, war alles wieder still. Er horchte noch eine Weile und suchte sich vergebens einen Vers darauf zu machen; endlich, ermüdet wie er war, fiel er aufs Neue in einen festen Schlaf.

Am andern Morgen, als zwischen ihm und dem

Meister die Sache zur Sprache kam, erfuhr er von diesem, dass allerdings Einzelne, welche vor ihm in der Kammer geschlafen, ein Ähnliches dort gehört haben wollten; es sei indes immer nur zur Zeit des Vollmonds gewesen und übrigens niemandem etwas dadurch zu nahe geschehen. – Der junge Tuchmacher ließ sich beruhigen; und in den Nächten, die nun folgten, wurde auch sein Schlaf durch nichts gestört. Dabei ging ihm im Hause alles nach Wunsch; Arbeit und Verdienst war regulär, und auch mit seinen beiden Nebengesellen hatte er sich auf guten Fuß gestellt.

So ging ein Tag nach dem andern hin, bis endlich wieder die Zeit des Vollmonds herangekommen war. Aber er hatte nicht darauf geachtet, denn es war schwere, bedeckte Luft, und kein Schein fiel in die Kammer, als er sich am Abend schlafen legte. – Da plötzlich erweckte ihn wieder jener schon halbvergessene Ton. Eifriger noch und schärfer, so dünkte es ihn, als das erste Mal kehrte und fegte es bei ihm in der Kammer, und seltsamerweise, jetzt, wo es fast dunkel war, meinte er gegen das Fenster hin einen sich bewegenden Schatten zu sehen. Aber, wie zuerst, wurde auch jetzt nach einer Weile alles wieder still, ohne dass es sein Bett erreicht oder dass er etwas Genaueres zu erkennen vermocht hätte. Er konnte indessen diesmal den Schlaf so bald nicht wiederfinden und hörte vom Kirchturm eine Stunde nach der andern schlagen; endlich brach draußen der Mond durch die Wolken und schien in die Kammer, aber er beleuchtete nur die nackten Wände.

Der Gesell, so wenig angenehm ihm diese Dinge waren, beschloss bei sich, gegen jedermann zu schweigen, am wenigsten aber sich von jenem Unheimlichen vom Platze verdrängen zu lassen. – Wie gewöhnlich, gingen auch die nun folgenden Nächte ohne Störung vorüber. – Nach Verlauf eines Monats kehrte er spät in der Nacht von einem benachbarten Orte zurück, wohin ihn sein Meister mit einem Geschäftsauftrage gesandt hatte. Er ging, als die Stadt erreicht war, nicht durch die Straßen, sondern an der Stadtmauer entlang, um durch den Garten in das Hinterhaus zu gelangen, wozu er den Schlüssel von seinem Meister erhalten hatte. Es war heller Mondschein. Schon in der Nähe des Hauses, während er zwischen den Rabatten auf dem geraden Steige des Gartens entlangging, warf er zufällig einen Blick nach dem Fenster seiner Kammer hinauf. – Da saß oben ein Ding, ungestaltig und molkig, und guckte durch die Scheiben in den Garten hinab.

Der junge Mann verlor plötzlich die Lust, mit solcher Gesellschaft noch länger in Quartier zu liegen. Er kehrte um und suchte sich für diese Nacht ein Unterkommen in der Herberge. Am andern Morgen aber – so erzählte mir sein Sohn – nahm er seinen Abschied und verließ die Stadt, ohne jemals erfahren zu haben, womit er so lange in einer Kammer gehaust habe.«

»Kann ich mir auch nichts bei denken.«

»Geht mir ebenso, alter Herr.«

»Ich dächte doch, das wäre eine echte rechte Spukgeschichte; oder was fehlt denn noch daran?«

»Sie hat keine Pointe.«

»So? – – Aber ein Teil dieser Geschichten tritt eben mit dem Reiz des Rätsels an uns heran und drängt uns, den Dingen nachzuspüren, die, wenngleich selber längst vergangen, noch solche Schatten aus dem leeren Raume fallen lassen.«

»Nun, und Ihre Geschichte?«

»Will ich ganz dem Scharfsinn der Damen überlassen und Ihnen lieber etwas anderes erzählen, wo ein solcher Zusammenhang sich von selbst ergibt, indem der Reflex der Begebenheit mit dieser selbst scheinbar in einen Moment zusammenfällt.

Auf dem Gymnasium zu H. hatte ich einen Schulkameraden, einen fleißigen und geschickten Menschen, mit welchem ich, da er in meiner Nachbarschaft wohnte, in fast täglichem Verkehr lebte. Als er eben in Sekunda eingetreten war, starb der Vater, welcher ein kleines städtisches Amt bekleidet hatte, und hinterließ Sohn und Witwe in den bedrängtesten Umständen. – Mit Hilfe von Stipendien, deren es dort viele gab, hätte mein Freund dessen ungeachtet wohl seinen Plan, die Rechte zu studieren, durchführen können; aber der lebhafte Wunsch, schon jetzt etwas zu verdienen und dadurch die letzten Jahre seiner alternden Mutter zu erleichtern, veranlasste ihn, vom Gymnasium abzugehen und auf dem dortigen Amtshause als Lohnschreiber einzutreten. Unser Umgang wurde dadurch nicht unterbrochen; wir machten wie sonst des Mittags unsern gemeinschaftlichen Spaziergang, und abends, wenn er aus seiner Kanzlei nach Hause gekommen war, saßen wir in dem von ihm und seiner Mutter gemeinschaftlich bewohnten Zimmer und nahmen miteinander die Lektionen durch, welche am folgenden Tage in der Schule vorkommen sollten; denn er hatte seine Lebenspläne keineswegs gänzlich aufgegeben, und wo der Abend nicht reichte, nahm er unbedenklich die Nacht zu Hülfe. So habe ich manche Stunde dort verbracht in gemeinsamer Arbeit oder in gemütlichem Gespräch. Die Mutter pflegte mit ihrem Strickzeug neben uns vor der kleinen Lampe zu sitzen. Ich sehe noch das stille, etwas kränkliche Gesicht, wenn sie mitunter von der Arbeit aufblickte und mit einem Ausdruck der Sorge und der zärtlichsten Verehrung die Augen auf ihrem einzigen Kinde ruhen ließ. Er nahm dann wohl, wenn er es bemerkte, ihre blasse Hand und hielt sie fest in der seinigen, während er in dem vor ihm liegenden Buche weiterlas. Aber es ging dann nicht wie sonst, es war, als wenn die Zärtlichkeit für seine Mutter ihm die Gedanken zerstreute, und ich erinnere mich noch, wie ihm bei solchem Anlass plötzlich die Tränen aus den Augen sprangen und er dann mit einem Lächeln und einem kurzen Blick auf sie ihre Hand sanft in ihren Schoß zurücklegte. Es war eine Luft des Friedens und der Stille in diesem Zimmer, wie ich sie nirgend sonst empfunden habe. An der einen Wand stand ein altes dürftiges Klavier; mitunter sangen wir daran; dann legte die alte Frau ihr Strickzeug in den Schoß, und war es zufällig eine Melodie aus ihrer Jugend, so stand sie auch wohl auf und ging mit unhörbaren Schritten und leise vor sich hin summend im Zimmer auf und ab. Wenn es aber an der Wand auf der kleinen Schwarzwälder Uhr zehn geschlagen hatte, begann sie allmählich einen unruhigen Blick auf die große dunkle Gardinenbettstelle zu werfen, die im Hintergrunde des geräumigen Zimmers stand. Dann nahmen wir unsre Bücher, sagten ihr gute Nacht und gingen eine Treppe tiefer in die kleine Schlafkammer ihres Sohnes, wo wir noch einige Stunden unsre Studien fortzusetzen pflegten. Sie mochte darin schon ruhig in dem oberen Zimmer schlummern; denn es lag nach einem inneren Hofe, wo die nächtliche Ruhe durch nichts gestört wurde.

Aber dieses Leben mit seinem bescheidenen Glücke sollte nach einigen Jahren sein Ende erreichen. Kurz vor meinem Abgang zur Universität erkrankte die Mutter. Es war der Keim des Todes, der lange schon in ihr gelegen und nun zur Entfaltung kam; weder sie noch ihr Sohn verkannten das. Auf ihren Wunsch besuchte ich sie noch einmal, ehe ich abreiste. Das sonst so freundliche Zimmer war jetzt düster und öde, die Fenster tief verhangen, und aus den Kissen unter dem dunklen Betthimmel sah das leidende Gesicht der guten Frau. Während ihre magere Hand die meinige ergriff, sagte sie nur: ›So leben Sie denn recht wohl!‹ Aber wir fühlten beide, dass das ein Abschied für das Leben sei.

Was nun folgt, habe ich später aus dem Munde meines Freundes gehört; denn ich selbst verließ schon am

Tage darauf die Stadt. – Er hatte sich, als die Schwäche der Mutter plötzlich in ungewöhnlicher Art zugenommen, die Erlaubnis ausgewirkt, seine Arbeiten im Hause zu fertigen, und saß nun im Krankenzimmer an dem entlegensten Fenster, von dem er ein wenig die Gardine zurückgeschlagen, bald emsig schreibend, bald einen sorglichen Blick nach den dunklen Vorhängen des Bettes hinüberwerfend. Wenn die Mutter wachte, saß er in dem alten Lehnstuhl vor ihrem Bett und sprach leise zu ihr oder las ihr aus der Bibel vor; oder er war nur bei ihr, dass ihre Augen zärtlich auf ihm ruhen konnten. Dort blieb er auch des Nachts sitzen, und wenn die Kranke im Anschauen seines blassen, überwachten Antlitzes ihn bat: ›Georg, leg dich schlafen! Georg, du hältst es ja nicht aus!‹, oder wenn sie ihm versicherte: ›Geh nur; gewiss, es hat heut Nacht noch nicht Gefahr‹, so fasste er nur umso fester die heiße Hand der Mutter, als müsse sie gerade jetzt, wenn er sich entfernen wollte, ihm entrissen werden. Eines Nachts aber, da eine Linderung der Schmerzen eingetreten war und da er sich kaum mehr aufrecht zu halten vermochte, hatte er sich dennoch überreden lassen. – Unten in seiner Kammer lag er unausgekleidet auf seinem Bette; traumlos, in tiefem, bleiernem Schlaf. Oben beim Schein der Nachtlampe in sanftem Schlummer hatte er die Mutter zurückgelassen. Währenddes verging die Nacht, und der Tag fing eben an zu grauen, da wurde er plötzlich wie mit sanfter Gewalt aus dem Schlaf emporgezogen. Als er aufblickte, sah er die Tür der Kammer geöffnet und eine Hand, die mit einem weißen Tuch zu ihm hereinwehte. Unwillkürlich sprang er vom Bett auf; aber er hatte sich geirrt, die Tür seiner Kammer war eingeklinkt, wie er in der Nacht sie aus der Hand gelassen. Fast ohne Gedanken ging er die Treppe zu dem Krankenzimmer hinauf. – Es war still drinnen, die Nachtlampe war herabgebrannt, und unter dem dunklen Betthimmel fand er beim trüben Schein der Dämmerung die Leiche seiner Mutter. Als er sich bückte, um die Hand der Toten an seinen Mund zu drücken, die über den Rand des Bettes herabhing, fasste er zugleich ihr weißes Schnupftuch, das sie zwischen den geschlossenen Fingern hielt.«

»Und Ihr Freund? – Wie ist es dem ergangen?«

»Es ist ihm gut ergangen; denn er hat nach mancher Not und schweren Arbeit seinen Lebensplan verwirklicht; und er lebt noch jetzt wie unter den Augen und in der Gegenwart seiner Mutter; ihre Liebe, die sie so ohne Rückhalt ihm im Leben gab, ist ihm ein Kapital geworden, das auch in den schwersten Stunden ihn nicht hat darben lassen. Aber Klärchen, was hältst du denn die Hände vor den Augen?«

»Oh – mir graut nicht.«

»Aber du weinst ja!«

»Ich? – Warum erzählst du auch so dumme Geschichten?«

»Nun! So mag es denn die letzte sein; ich wüsste für heute auch nichts Besseres zu erzählen.«

Theodor Fontane

Ein neues Buch, ein neues Jahr

Was werden die Tage bringen?!
Wird's werden, wie es immer war,
Halb scheitern, halb gelingen?
Ich möchte leben, bis all dies Glühn
Rücklässt einen leuchtenden Funken.
Und nicht vergeht, wie die Flamm' im Kamin,
Die eben zu Asche gesunken.

Nachweis

Otto Julius Bierbaum
Am Kamin. Aus: Otto Julius Bierbaum, *Werke*, Band 1, München, 1921.

Heinrich Böll
Blick ins Feuer. Aus: Heinrich Böll, *Werke,* Kölner Ausgabe Band 10. Herausgegeben von Viktor Böll. Copyright © 2005 by Verlag Kiepenheuer und Witsch GmbH & Co. KG, Köln.

Barthold Heinrich Brockes
Winter-Vergnügen im Zimmer. Aus: Barthold Heinrich Brockes, *Irdisches Vergnügen in Gott*, Stuttgart, 1999.

Matthias Claudius
Ein Lied hinter dem Ofen zu singen. Aus: Matthias Claudius, *Mir verlangt nach mir*, Hoffmann und Campe Verlag, Hamburg 2012.

Richard Dehmel
Rauch und Funken flüstern im Kamin. Aus: Richard Dehmel, *Gesammelte Werke in drei Bänden*, 1913.

Roger-Pol Droit
Feuer im Kamin machen. Aus dem Französischen von Hainer Kober. Aus: Roger-Pol Droit, *Fünf Minuten Ewigkeit. 101 philosophische Alltagsexperimente.* Copyright © 2002 by Hoffmann und Campe Verlag, Hamburg.

Annette von Droste-Hülshoff
Gruß an Wilhelm Junkmann. Aus: Annette von Droste-Hülshoff, *Sämtliche Werke in zwei Bänden*, Deutscher Klassiker Verlag, Berlin 2007.

Heinz Ehrhardt

Am Kamin. Aus: Heinz Ehrhardt, *Das große Heinz Erhardt Buch.* Copyright © 2009 by Lappan Verlag, Oldenburg.

Theodor Fontane

Ein neues Buch, ein neues Jahr. Aus: Theodor Fontane, *Gedichte in einem Band*, Insel Verlag, Berlin 1998.

Walter Helmut Fritz

Eine solche Frage. Aus: Walter Helmut Fritz, *Werke in drei Bänden. Erster Band: Gedichte, Prosagedichte.* Copyright © 2009 by Hoffmann und Campe Verlag, Hamburg.

Axel Hacke

Entspannt Euch! Aus: *SZ Magazin*, Nr. 20/2013. Copyright © Axel Hacke.

Dashiell Hammett

Der Scherz mit Eloise Morey. Aus dem Amerikanischen von Benjamin Schwarz. Aus: Dashiell Hammett, *Der Engel vom ersten Stock.* Copyright © 1991 by Literary Property Trustees under the Will of Lillian Hellman. Copyright der deutschen Übersetzung © 1991 by Hoffmann und Campe Verlag, Hamburg.

Heinrich Heine

Altes Kaminstück. Aus: Heinrich Heine, *Sämtliche Gedichte in zeitlicher Folge.* Insel Verlag, Frankfurt am Main und Leipzig 2005.

Franz Hessel

Am Kamin. Aus: Franz Hessel, *Nachfeier,* Das Arsenal, Berlin 1988.

Mascha Kaléko

Herbstabend. Aus: Mascha Kaléko, *Verse für Zeitgenossen.* Erschienen im Rowohlt Taschenbuch Verlag, Reinbek bei Hamburg. Copyright © 1975 Gisela Zoch-Westphal.

Klabund

Das Mädchen. Aus: Klabund, *Werke in acht Bänden*, Elfenbein Verlag, Heidelberg und Berlin 1998–2003.

Siegfried Lenz

Der Denkzettel. Aus: Siegfried Lenz, *Die Erzählungen*. Copyright © 2014 by Hoffmann und Campe Verlag, Hamburg.

Dieter Lenzen

Batterien im Kamin. Aus: Dieter Lenzen, *Geliebt*. Copyright © 2014 by Dieter Lenzen / Hoffmann und Campe Verlag. Abdruck mit freundlicher Genehmigung des Autors.

Katherine Mansfield

Der Kanarienvogel. Aus: Katherine Mansfield, *Sämtliche Erzählungen in zwei Bänden*. Herausgegeben und aus dem Englischen von Elisabeth Schnack. Copyright © 1980 Büchergilde Gutenberg, Frankfurt am Main (Bd. 2, S. 50 ff.).

Guy de Maupassant

Das Waisenkind. Aus dem Französischen von Karl-Heinz Ott. Aus: Guy de Maupassant, *Es geht schnell, das Leben!* Copyright für die deutsche Übersetzung © 2014 by Hoffmann und Campe Verlag, Hamburg.

Herman Melville

Ich und mein Kamin. Aus dem Amerikanischen von Alfred Kuoni. Auszug aus: Herman Melville, *Ich und mein Kamin*, Verlag Die Arche Peter Schifferli, Zürich 1965.

Conrad Ferdinand Meyer

Die Füße im Feuer. Aus: Conrad Ferdinand Meyer, *Sämtliche Werke in zwei Bänden* (Bd. 2, S. 50 ff.), Winkler Verlag, München 1968.

Eduard Mörike

Ländliche Kurzweil. Aus: Eduard Mörike, *Gedichte in einem Band*, Insel Verlag, Berlin 2001.

Christian Morgenstern

Herbstabend. Aus: Christian Morgenstern, *Werke und Briefe*, Band II, Urachhaus Verlag, Stuttgart 1992.

Vladimir Nabokov

Ein Brief, der Russland nie erreichte. Aus: Vladimir Nabokov, *Erzählungen I. 1921–1934.* Herausgegeben von Dieter E. Zimmer. Deutsch von Gisela Barker, Jochen Neuberger, Blanche Schwappach, Rosemarie Tietze, Thomas Urban, Marianne Wiebe und Dieter E. Zimmer. Copyright © 1966, 1983, 1989, 1999 by Rowohlt Verlag GmbH, Reinbek bei Hamburg.

Sigismund von Radecki

Eine eilige Geschichte und *Am Kamin.* Aus: Sigismund von Radecki, *Der runde Tag*, Fischer Verlag, 1958. Copyright © 2014 by Wallstein Verlag, Göttingen.

Joachim Ringelnatz

Es zwitschert eine Lerche im Kamin. Aus: Joachim Ringelnatz, *Sämtliche Gedichte*, Diogenes Verlag, Zürich 2003.

Georges Simenon

Die Wachstropfen. Aus dem Französischen von Ingrid Altrichter. Aus: Georges Simenon, *Sämtliche Maigret-Geschichten.* Copyright der deutschsprachigen Ausgabe © 2009 by Diogenes Verlag AG, Zürich.

Theodor Storm

Am Kamin. Aus: Theodor Storm, *Sämtliche Werke*, Gedichte, Novellen 1848–1867, Deutscher Klassiker Verlag, Frankfurt am Main 1987.

David Henry Thoreau

Mein Kamin (Titel vom Herausgeber). Aus dem Amerikanischen von Wihelm Nobbe. Auszug aus: David Henry Thoreau, *Walden*, Eugen Diederichs Verlag, 1922.

Anton Tschechow

Erzählung der Frau N. N. Aus dem Russischen von Alexander Eliasberg. Aus: Anton Tschechow, *Von der Liebe,* Kiepenheuer Verlag, Weimar 1917.

Tobias Wolff
Kaminfeuer. Aus dem Amerikanischen von Ulrich Blumenbach. Aus: Tobias Wolff, *Die entscheidende Nacht.* Copyright © 1996 by Berlin Verlag in der Piper Verlag GmbH, Berlin.

Stefan Zweig
Die unsichtbare Sammlung. Aus: Stefan Zweig, *Brief einer Unbekannten und andere Meistererzählungen*, Diogenes Verlag, Zürich 2013.

Christopher Morley

Das Haus der vergessenen Bücher

Roman
Aus dem Englischen von Renate Orth-Guttmann
256 Seiten, gebunden
ISBN 978-3-455-60012-4
Atlantik Verlag

Roger Mifflin, ein Bibliomane, wie er im Buche steht, betreibt in Brooklyn eine Buchhandlung. Hier spuken die Geister der Literatur durch die Gänge, Rauchschwaden vernebeln die Luft, zwei junge Menschen verlieben sich, ein Buch verschwindet, und ein Spionagefall nimmt seinen Lauf.

Das Haus der vergessenen Bücher ist die wohl schönste Hommage auf den verrückten Beruf des Buchhändlers, ein Buch über die Liebe zu Büchern.